GUIDE DE MALIA

LE PALAIS

ÉCOLE FRANÇAISE D'ATHÈNES

Sites et monuments

© École Française d'Athènes, 1992
ISBN 2-8⸱958-055-X

ÉCOLE FRANÇAISE D'ATHÈNES

SITES ET MONUMENTS IX

GUIDE DE MALIA

LE PALAIS

ET LA NÉCROPOLE DE CHRYSOLAKKOS

par

Olivier PELON

avec la collaboration de

Elga ANDERSEN et **Martin SCHMID,**
architectes

ÉCOLE FRANÇAISE D'ATHÈNES
6, rue Didotou, 106 80 ATHÈNES
Dépositaire :
DIFFUSION DE BOCCARD
11, rue de Médicis, 75006 Paris

1992

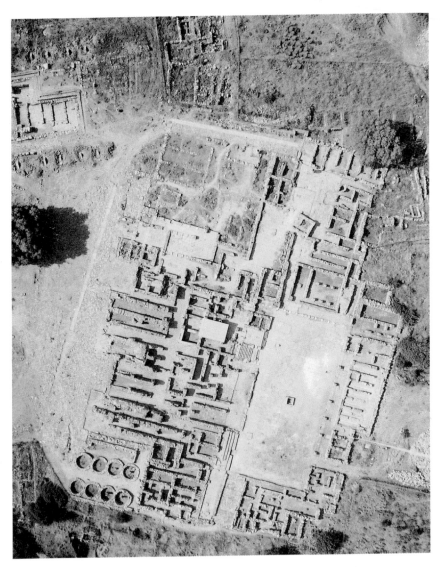

Frontispice. Vue aérienne du palais.

MODE D'EMPLOI

Le *texte* : deux tailles de caractères ont été employées, un *corps moyen* pour toutes les données indispensables à la compréhension des vestiges visibles, un *petit corps* pour les développements de caractère plus technique. Un *astérisque* signale les mots dont la définition est donnée dans le lexique en fin de volume. Un développement particulier est consacré aux matériaux de construction (p. 14-15).

Les *itinéraires* : deux trajets ont été distingués qui ne diffèrent que par le nombre des points à examiner ; le premier, ou *itinéraire court* (environ 1/2 h), réservé au visiteur pressé, est réduit aux points principaux, désignés par des numéros sur le plan général en fin de volume (plan 14) et dans la marge en tête du développement correspondant ; le second, ou *itinéraire long*, correspond à une visite complète d'une durée de 1 h à 1 h 30.

Les *plans* : deux plans généraux sont présentés en dépliants : au début de la brochure, un plan topographique du site (plan 1) ; à la fin, un plan du palais au 1 : 625 (plan 14) comportant la numérotation des salles telle qu'elle a été établie par les fouilleurs, l'indication des points principaux de la visite ainsi que le tracé de l'itinéraire long proposé. Des plans de détail (plans 2 à 12), destinés à rendre plus claire la description de certains secteurs, sont regroupés à la suite du texte. Enfin, un deuxième plan d'ensemble (plan 13) illustre le développement synthétique consacré aux principales fonctions des parties constitutives de l'édifice dans la mesure où elles ont pu être déterminées.

I. PRÉAMBULE

Aperçu chronologique

2000	MA I - MA III	Période prépalatiale
	MM I MM II	Période des Premiers Palais
1700		———————————— Destruction des palais
1600	MM III	
1500	MR IA	Période des Seconds Palais ——— Éruption de Santorin
1450	MR IB	
		———————————— Destruction des palais
	MR II	
		———————————— Destruction de Knossos
1200	MR III	Période postpalatiale

Les palais apparaissent en Crète au commencement du 2e millénaire avec le début de la période qu'A. Evans, le fouilleur de Knossos, appelle le Minoen Moyen. Leur origine est mal connue, mais ils semblent être le produit d'une tradition intérieure à l'île plutôt que le fruit d'une influence étrangère. Certes, il existe de grands édifices royaux dans le Proche-Orient dès la seconde moitié du 3e millénaire (*Mari), mais les palais de Crète n'ont que peu de points en commun avec eux. Par contre on trouve dans l'île dès le Minoen Ancien une tendance à créer des habitats groupés avec spécialisation des fonctions (Myrtos sur la côte Sud) qui paraissent préfigurer le système d'organisation des grands édifices du 2e millénaire.

Les *premiers palais*, éclos vers 2000 av. J.-C., ont été détruits vers 1700, sans doute par l'un de ces séismes qui ont affecté de tout temps le bassin de la Méditerranée orientale. Ils ont été en grande partie rasés au moment de l'édification, sur le même emplacement, des palais qui leur ont succédé et ne sont plus visibles que par endroits. Cependant ils ne se distinguent pas fondamentalement des édifices que l'on voit aujourd'hui et le plan avec cour centrale est déjà une de leurs principales caractéristiques. Il est notable cependant que les matériaux utilisés sont un peu différents et que les petits moellons mêlés à la terre argileuse y sont plus largement employés. La civilisation des Premiers Palais n'en est pas moins exceptionnellement brillante :

c'est l'époque de l'apogée en céramique du style polychrome dit «de *Kamarès» (Minoen Moyen II) qui combine sur le fond sombre du vase des motifs en blanc crayeux, en rouge sombre et même en jaune orangé ; c'est également la période du plus grand raffinement de l'orfèvrerie minoenne, avec des créations aussi achevées à Malia même que le fameux «pendentif aux abeilles» de Chrysolakkos.

Après la destruction des premiers palais, de nouveaux édifices, les *seconds palais*, les remplacent, plus majestueux mais non plus spacieux : ce sont eux que nous contemplons encore actuellement. Sans doute ont-ils été eux-mêmes souvent remaniés au cours d'une existence de quelque 250 ans (1700-1450 av. J.-C.), mais pour l'essentiel ils remontent au début du xviiᵉ s. (Minoen Moyen III). Si les phases architecturales ne se laissent pas toujours déterminer avec précision, l'évolution de la céramique, elle, est assez claire et constitue un précieux repère : le style polychrome de l'époque précédente n'est bientôt plus qu'un souvenir et c'est un décor aux tonalités inversées qui triomphe, les motifs végétaux (Minoen Récent IA), puis marins (Minoen Récent IB) se détachant sur le fond clair de l'*engobe. A cette période des Seconds Palais se rapportent les plus grandes réalisations et l'extension maximum de la civilisation crétoise, attribuées par la mythologie grecque à *Minos, roi plus ou moins légendaire de Knossos.

C'est du milieu du xvᵉ s. que l'on date traditionnellement la seconde grande destruction des palais et celle de la plupart des habitats de Crète, à l'exception de Knossos qui survit encore une cinquantaine d'années. On ne saurait, semble-t-il, la mettre en relation avec l'éruption du volcan de *Santorin, bien datée de 1510 av. J.-C. A. Evans place aux environs de 1400 (fin du Minoen Récent II) la destruction par incendie du palais de Knossos, le seul où aient été trouvées jusqu'ici des *archives rédigées dans une forme archaïque de grec, le *linéaire B.

Les palais dans la civilisation crétoise. La mythologie grecque a conservé le souvenir de réalités disparues qui ne sont guère récusables. C'est ainsi que, selon elle, le *labyrinthe occupe une place éminente dans le passé de la Crète : c'est dans cet édifice knossien, oeuvre de l'architecte Dédale, qu'est enfermé le *Minotaure, monstre à corps humain et tête de taureau engendré par l'union de Pasiphaé, femme du roi *Minos, et d'un taureau envoyé par le dieu Poséidon ; c'est là aussi que pénètre Thésée, le fils du roi d'Athènes Égée, pour sauver des atteintes du monstre le tribut humain, sept jeunes gens et sept jeunes filles, offert tous les neuf ans par la ville d'Athènes ; c'est là que Thésée tue le Minotaure et c'est de là qu'il s'échappe, malgré l'extrême complexité de l'édifice, par la grâce du peloton de fil que lui a donné Ariadne, la fille de Minos et de Pasiphaé. Sous le voile diaphane de la légende se profilent des faits que rien d'autre ne nous permet d'appréhender : le personnage royal de Minos, qu'il s'agisse du nom d'un roi parmi d'autres ou du nom générique d'une dynastie knossienne, l'importance du taureau, animal sacré présent des dieux, enfin le rôle du combat livré à l'animal enfermé dans un enclos aux mille détours.

Malgré des interprétations divergentes, il existe de bonnes raisons d'identifier le labyrinthe de la légende avec le palais de Knossos ; c'est peut-être même le nom préhellénique de tout palais minoen, tant l'architecture des édifices palatiaux de Crète paraît refléter l'idée que les Grecs se faisaient du «labyrinthe» : en effet, même si un certain ordre préside à l'organisation d'un palais crétois, un plan aussi contraire à l'esprit du Grec classique ne peut être à ses yeux que l'image de l'illogisme et de l'incohérence. En fait le plan d'un palais minoen n'est incohérent et complexe qu'en apparence. Tous respectent une orientation à peu de chose près identique d'axe Nord-Sud, offrent sur une grande esplanade située à l'Ouest une belle façade à *redans, se disposent autour d'une cour rectangulaire qui en constitue, sinon le centre géométrique, du moins le centre fonctionnel et présentent une juxtaposition de quartiers à la spécialisation bien marquée. On s'étonnera même de la grande ressemblance, qui va parfois jusque dans le détail, de ces constructions géographiquement assez distantes et on y verra avec vraisemblance une réponse architecturale unique à des nécessités identiques, d'ordre politique, religieux ou économique.

Le palais crétois, comme le palais oriental, est en premier lieu la résidence du souverain dans l'exercice de ses fonctions. Il est certes délicat, en l'absence de *textes explicites, de retrouver les traces archéologiques sûres des activités proprement royales à l'intérieur d'un bâtiment dont ne subsistent le plus souvent que le plan au sol et la base des murs du rez-de-chaussée. Il semble toutefois que la salle du trône ou salle d'audience puisse être identifiée dans un ensemble au plan quasi immuable d'un édifice à l'autre, composé d'une pièce principale dallée, d'un vestibule d'accès, d'un *puits de lumière et d'un *portique ouvert sur l'extérieur.

Parallèlement A. Evans a très tôt reconnu le double caractère de la royauté minoenne et l'importance du facteur religieux à l'intérieur du palais de Knossos : Minos est un roi-prêtre dont les deux fonctions sont étroitement liées. La mythologie ne nous offre pas une autre image de Minos, contraint de faire renouveler son pouvoir par le dieu chaque neuvième année. De fait il est aisé de constater le grand nombre de pièces ou d'installations cultuelles présentes dans un palais et, sans aller jusqu'à faire de tout l'édifice un grand sanctuaire, et rien qu'un sanctuaire, il est indéniable que sa vocation religieuse est aussi importante que sa fonction politique.

Le palais est enfin un vaste entrepôt et le lieu de concentration de nombreux *magasins ou ateliers. La production agricole du vaste territoire qui l'entoure, céréales, légumineuses, olives, vin, huile, est rassemblée dans de grands vases ou *pithoi rangés à l'intérieur de salles spécialement conçues à cet effet et parfois, comme à Malia, dans de vastes silos circulaires. Cette fonction se trouve étroitement reliée à la fonction religieuse par suite du caractère agraire de la civilisation crétoise. Centre de stockage, le palais est encore centre de production et renfermait, bien qu'il soit difficile de les localiser, échoppes et ateliers d'artisans dépendant du roi, lapidaires, ivoiriers, métallurgistes ou orfèvres.

Le site ; historique des fouilles. Le site minoen de Malia (cette orthographe est préférable à l'orthographe souvent rencontrée avec un double l) est situé dans une petite plaine littorale au pied de la chaîne du Séléna et de la colline du Prophète Élie (**Pl. I, 1**). Il est dénommé ainsi d'après le nom du village moderne, situé à 3,5 km vers l'Ouest. Contrairement à Knossos et à Phaistos, le nom antique n'en est pas connu, malgré quelques tenta-

tives d'identification. On a parfois voulu y reconnaître aussi la ville du roi
Sarpédon, frère de *Minos, mais sans preuve décisive. La ville, avec ses
maisons et ses nécropoles, s'étend autour du palais qui en forme le centre
(**Pl. I, 2**).

L'exploration a commencé par celle du palais en 1915, soit quinze ans
après le début des fouilles à Knossos et à Phaistos. L'archéologue grec
J. Hatzidakis a, dès la première campagne, reconnu la véritable nature
de la ruine, malgré le caractère réduit du dégagement opéré qui ne
concernait encore que quelques pièces du secteur Sud-Ouest. En 1921,
l'École française d'Athènes est invitée à prendre part aux travaux et la
fouille du palais reprend en 1922 sous la direction de J. Charbonneaux.
Elle se poursuivra d'année en année jusqu'en 1930, date à laquelle est
réalisé le dernier dégagement important, le déblaiement de la cour centrale. A partir de 1928 est adopté un système de numérotation des pièces
qui associe les chiffres romains pour les différents quartiers dont est
constitué l'édifice et les chiffres arabes pour la désignation des pièces à
l'intérieur de ces blocs.

Dès 1923, on a trouvé sous le sol d'une petite pièce de l'aile Ouest un
dépôt d'*archives, composé de barres et de médaillons portant des signes
d'écriture *hiéroglyphique et quelques-uns de *linéaire A, ce qui confirme
l'identification proposée par Hatzidakis. En 1924, la pièce VI 2 qui borde
à l'Ouest la cour centrale a livré des trouvailles spectaculaires, peut-être
des objets royaux, une hachette en schiste décorée d'un avant-train de
félin bondissant, un bracelet en bronze torsadé et deux armes, une longue
rapière à pommeau de cristal et un poignard court.

A partir de 1931, F. Chapouthier, qui a pris la direction des travaux
dès 1927, entreprend des recherches complémentaires sous le sol du dernier établissement ; c'est ainsi qu'en 1936, dans le quartier III, au Nord-
Ouest, il met au jour deux épées d'apparat dont l'une était décorée d'une
rondelle d'or sur laquelle s'enroulait le corps d'un acrobate.

En 1945, au cours de travaux de restauration, l'archéologue grec
N. Platon fait une découverte qui avait échappé aux premiers fouilleurs
en identifiant dans le même quartier III le dispositif caractéristique de la
salle d'audience royale (parfois appelée *mégaron*).

La mort de F. Chapouthier en 1953 laisse les travaux entrepris sans
conclusion. De nouvelles investigations sont effectuées par P. Demargne
en 1954 et 1956, puis par A. Dessenne en 1957 et 1960. Ces recherches ont
été prolongées depuis 1964 par une série de campagnes régulièrement
menées. Aujourd'hui (1992), on peut estimer que la fouille de l'édifice
palatial est pratiquement terminée.

Situation du palais; état des ruines. Le palais s'élève sur une petite éminence rocheuse appelée dans le pays Zourokephali (ou Sgourokephali = la «Colline au maquis»), dont l'altitude est d'environ 15 m au-dessus du niveau de la mer (point de référence à 14,973 dans l'angle Nord-Ouest de la cour centrale). Il est bordé au Sud par un talweg peu marqué, en pente d'Est en Ouest, partiellement comblé actuellement par les déblais de la fouille.

Différents quartiers de la ville minoenne ont été dégagés aux alentours immédiats (**plan 1**) : au Nord le quartier Lambda (les quartiers de la ville sont désignés par des lettres de l'alphabet grec), à l'Est le quartier Zêta, au Sud le quartier Epsilon, à l'Ouest enfin le quartier Delta et plus loin le quartier Mu. Ceux-ci sont reliés au palais par un système rayonnant de rues pavées de plaques d'*ammouda* et d'un* *kaldérim* qui font de l'édifice palatial le centre de l'agglomération.

Le palais, tel qu'il se présente aujourd'hui au visiteur, n'est plus que le squelette de l'édifice qu'il a été. L'érosion due aux éléments naturels (pluie, vent, gel même parfois), l'action des animaux (serpents, belettes, guêpes), celle des plantes, le passage de groupes toujours plus fréquents et plus nombreux sont les causes d'une usure permanente et difficile à éviter, voire même à ralentir. Les grands blocs taillés dans une pierre gréseuse s'effritent progressivement et retournent au sable dont ils sont issus ; les signes qui y sont gravés s'effacent et disparaissent petit à petit. La terre argileuse des murs et des briques crues fond et se désagrège, laissant les moellons à nu. Les restaurations à Malia ont été plus discrètes qu'à Knossos ou même qu'à Phaistos et l'édifice a gardé, malgré ses blessures, un aspect beaucoup plus proche de son aspect originel ; il n'en reste pas moins que les matériaux modernes, dont l'emploi est indispensable, déforment parfois la réalité. En dépit de ces consolidations, le palais demeure un bâtiment fragile qu'il faut traiter comme tel au cours de la visite.

Il convient en outre de bien comprendre dès le départ que les ruines actuelles ne sont pas celles d'un bâtiment construit d'un seul jet, mais qu'elles sont l'aboutissement d'une longue histoire ; de là l'enchevêtrement de certains plans. Les recherches ont cependant permis de préciser les points suivants :

1. l'existence d'un noyau datant du MA II (milieu du IIIe millénaire), donc de la période prépalatiale, le long de la façade occidentale (quartier I), mais également au Nord de la cour centrale (quartier IX);

2. la construction d'un premier édifice palatial au MA III-MM IA (fin du IIIe millénaire) ayant une superficie analogue à celle du second palais ;

3. la succession de deux grandes phases de construction (MM III et MR IA) dans l'édifice actuel.

Les matériaux de construction. Les matériaux du palais ne sont pas des matériaux spécifiques, mais leur mode d'utilisation diffère parfois de celui qu'on observe dans l'architecture domestique.

La *pierre* est largement utilisée sous diverses formes :

l'*ammouda* ou grès dunaire, dont les carrières sont encore visibles en bord de mer, présente un grain plus ou moins fin et une coloration qui va selon les bancs de l'ocre jaune à l'ocre rouge. Assez tendre, elle était découpée à la scie ou dégrossie à la hache en blocs de forme rectangulaire ou trapézoïdale dont la façade occidentale offre les meilleurs exemples ;

la *sidéropétra* ou «pierre de fer» est un calcaire ainsi désigné localement pour sa dureté et sa coloration bleuâtre ou grise ; elle est largement répandue dans la plaine environnante. Beaucoup plus difficile à travailler que l'*ammouda*, elle est rarement équarrie à la scie ou même aplanie à la hache ; on l'emploie dans les façades secondaires en blocs bruts, souvent de grande taille, qui sont assemblés selon une technique assez rudimentaire.

D'autres pierres sont également utilisées, mais à une échelle plus réduite et pour des emplois spécifiques : une sorte de marbre blanc pour certaines bases de colonne et la grande pierre à *cupules de la terrasse XVI 1, parfois aussi du conglomérat ou de la brèche, enfin du schiste pour les dallages et les seuils. On notera surtout l'*aspropétra*, un calcaire coquillier à grain fin dans lequel sont taillées les grandes dalles des chaussées extérieures et celles du vestibule de l'entrée Sud. On remarquera enfin l'absence totale à Malia du gypse, si répandu à Knossos et à Phaistos.

Certains blocs, uniquement d'*ammouda*, portent des marques de forme et de taille différentes. On y a vu, comme en d'autres temps, des signes gravés par les carriers ou les maçons, donc des marques de tâcherons. Cependant la présence de doubles *haches et d'une étoile sur un des piliers de la salle VII 4 ne paraît guère répondre à la même fonction, non plus que la croix et l'étoile gravés sur le *pilier central d'un des silos et sur l'*autel du petit *sanctuaire XVIII 1 dont le rôle est assurément religieux.

La *terre* employée dans la construction est l'argile rouge ou *terra rossa* de la plaine maliote. Malaxée avec de la paille (dont l'empreinte est encore visible par endroits), elle sert de mortier, constitue un revêtement de mur ou forme la matière première des briques crues utilisées dans quelques minces cloisons au rez-de-chaussée, et sans doute sur une plus grande échelle à l'étage aujourd'hui disparu.

Le *bois* n'a laissé que des indices en négatif de son utilisation : une trace en creux dans des maçonneries de terre ou de *blocage, des *mortaises rectangulaires sur des blocs d'*ammouda*, une surface circulaire *piquetée sur des bases de *colonne. Il était largement utilisé pour renforcer cette architecture assez hétérogène et pour lui conférer une plus grande flexibilité en cas de séisme. *Colonnes rondes et parfois *piliers carrés étaient faits de bois et l'empreinte d'un fût dans la terre d'un mur révèle qu'à Malia comme ailleurs la colonne était plus large à son sommet qu'à sa base. Enfin on peut logiquement penser que le bois devait être, comme la terre, d'un emploi généralisé à l'étage.

Le *stuc* est un enduit de chaux, d'épaisseur et de consistance variables, utilisé pour recouvrir les sols et les murs et dissimuler les irrégularités de la surface. On le trouve en couche très fine sur les *ammoudas* de la façade Ouest ; beaucoup plus épais (de 1 à 2 cm, parfois davantage) sur de nombreux murs intérieurs. On assimilera à un stuc grossier le revêtement du sol des cours, parfois appelé *terrazza*, fait de chaux mélangée à du gravier fin. Le stuc des murs pouvait être peint de diverses couleurs (blanc ivoire, rouge, ocre jaune) et servait de support aux peintures murales dont seuls de rares exemples ont été retrouvés à Malia.

Les principes de la construction. Comme dans tout autre palais de Crète, on retrouve dans le palais de Malia les principes d'une organisation très réfléchie. S'il est construit autour d'une cour «centrale», celle-ci est moins encore qu'ailleurs au centre de l'édifice, mais nettement décalée vers l'Est et vers le Sud. Elle est placée de telle sorte que son grand axe, qui est aussi un des axes du palais, est orienté quasiment Nord-Sud.

Autour de cette cour sont disposés des quartiers ou îlots composés chacun de plusieurs pièces selon un système qui leur est propre, la communication entre eux se faisant par le moyen de couloirs et de cours. A chaque quartier correspond une fonction particulière dont l'organisation de l'ensemble est le reflet. Chacun d'eux doit être considéré séparément avant d'être replacé dans le plan général.

Le plan est du type centrifuge, c'est-à-dire que l'édifice s'est construit autour et à partir de la cour centrale par juxtaposition de blocs spécialisés, de dimensions et de forme différentes. Ceux-ci ont entraîné le tracé sinueux des façades, fait alternativement de nettes avancées ou *redans et de profonds retraits ou *rentrants.

Toutes les façades n'avaient pas la même importance : il est incontestable qu'ici comme ailleurs la façade Ouest représentait la façade principale ; son appareil en pierres de taille la distingue des façades secondaires, beaucoup plus grossièrement bâties. C'est elle que le touriste moderne, comme le faisaient déjà les Minoens eux-mêmes dans la plupart des cas, découvre en premier lieu.

Aucune entrée importante n'y est cependant aménagée. De l'endroit où est installé le plan d'orientation (marqué par une étoile sur les **plans 1** et **14**), il est possible d'apprécier, malgré son état de délabrement actuel, l'ampleur et la majesté de cette façade ainsi que le tracé des voies dallées qui, à travers la cour Ouest, mènent aux deux entrées principales, placées sur les façades Nord et Sud.

II. ITINÉRAIRE POUR VISITEURS PRESSÉS

Le visiteur ne disposant que d'un minimum de temps pour parcourir le palais devra se repérer grâce aux points portés sur le plan 14 à la fin de la brochure qui marquent les endroits les plus remarquables de l'édifice palatial maliote.

Passant par l'**entrée Nord (1)** et traversant les **cours Nord (2)** et Nord-Ouest, il passera le long du **bâtiment oblique XXIII (3)** avant de se rendre directement à la **salle d'audience III 7 (4)** qui domine les **installations proto-palatiales (5)** du secteur Nord-Ouest. C'est sous le sol d'une salle voisine (III 1) que fut découverte en 1936 l'épée décorée d'un acrobate.

Revenant ensuite sur ses pas jusqu'à la cour Nord, il pénétrera dans la cour centrale par le couloir C' et il en suivra la bordure Nord. Sur sa gauche, il verra la **salle hypostyle IX 2 (6)** à deux rangées de trois piliers puis, devant lui, sous une toiture récemment posée, les **magasins Est XI (7)** au dispositif original.

Obliquant ensuite vers le centre de la cour, il apercevra la **fosse (8)** peu profonde qui a dû servir d'autel à sacrifices et continuera en droite ligne vers l'angle Sud-Ouest où il admirera la monumentalité de l'entrée Sud **(9)** au sol soigneusement dallé et où il trouvera, enchâssée dans le dallage d'une petite terrasse (XVI 2), la célèbre **table à cupules (10)** du palais.

Remontant ensuite sur sa droite, il contemplera à mi-longueur de la bordure Ouest, et dans l'alignement de l'autel à sacrifices, la **« crypte » dallée VII 4 (11)** à deux piliers gravés de signes puis, au-delà d'un escalier encore bien conservé, une pièce surélevée ou **loggia VI 1 (12)** communiquant avec la cour par quelques marches. La fameuse hachette au léopard a été trouvée en 1923 dans la salle située immédiatement en contre-bas à l'Ouest (VI 2).

Faisant alors demi-tour vers le Sud, il sortira du palais par l'entrée Sud et, après avoir tourné sur sa droite, longera le **bâtiment des silos (13)** équipé de huit grands réceptacles circulaires à pilier central.

Il aura ainsi pris contact avec les principaux aspects du palais : aspect officiel et politique (cour Nord, salle d'audience, salle hypostyle), aspect religieux (fosse de la cour centrale, table à cupules, crypte à piliers et loggia), enfin aspect économique (magasins Est et silos). Il aura également perçu la superposition sur le même emplacement de deux édifices successifs (secteur Nord-Ouest) et aura localisé dans chacun d'eux la présence d'objets d'apparat (épée à l'acrobate pour le premier, hachette au léopard pour le second).

III. VISITE DU PALAIS

On commencera la visite en examinant le palais à partir du terre-plein situé devant l'ancienne maison de fouilles construite en 1924 où se trouve actuellement le guichet de vente des billets.

LA COUR OUEST ET LE SYSTÈME DES VOIES DALLÉES

La façade Ouest du palais (**Pl. II, 1**) est précédée par une vaste esplanade (100 m de long du Nord au Sud sur 20 m de large) qui monte en pente douce dans sa direction. Point d'aboutissement de plusieurs rues de la ville (la mieux conservée est la rue dite «de la Mer» à l'angle Nord-Ouest), la cour Ouest constitue une aire de transition entre l'agglomération et l'édifice palatial, entre le civil et le politique, entre le profane et le religieux.

A l'origine, elle était entièrement revêtue d'un* *kaldérim*, elle ne l'est plus que partiellement de nos jours, mais les restes en sont assez importants pour que l'impression causée demeure forte. En outre elle est traversée par un système de chaussées dallées larges d'1,05 m faites d'*aspropétra* dont le tracé a été par endroits restitué en ciment. L'élément principal en est orienté *grosso modo* Nord-Sud mais n'est pas parallèle à l'axe du palais. Au Nord, il rejoignait (la connexion a disparu aujourd'hui) la chaussée similaire qui mène à l'entrée Nord du palais ; vers le Sud, une branche s'en détache en direction de l'angle Sud-Ouest occupé par le bâtiment des silos. On remarquera qu'à l'extrémité de cette branche converge une autre chaussée venue du Sud-Ouest, dans le prolongement d'une des rues de la ville. Le point de rencontre est marqué par un dallage rectangulaire qui bute curieusement à l'Est sur deux murs parallèles.

En fait un examen soigneux de ce dallage a montré qu'il précédait l'entrée du bâtiment des silos située du côté Sud. On remarquera par ailleurs que le* *kaldérim* visible à cet endroit, situé plus bas, appartient à une époque antérieure au dernier *kaldérim* de la cour.

Fig. 1. — Le rentrant central de la façade Ouest avec banquette et décrochements inversés, vu de l'Ouest.

Fig. 2. — La chaussée dallée menant à l'entrée Nord et les constructions protopalatiales du secteur Nord-Ouest, vues du Nord-Ouest.

Autre anomalie, on notera vers le milieu de l'élément principal l'amorce d'une branche plus étroite (0,70 m) qui se dirige vers la façade du palais et devait l'atteindre en un point où elle ne présente actuellement aucune ouverture. On supposera quelque part dans ce secteur l'existence d'une entrée du palais dans la façade *protopalatiale dont aucune trace n'est conservée à cet endroit.

Ces voies dallées ont parfois été appelées voies processionnelles; elles peuvent effectivement avoir eu un rôle dans certaines cérémonies, mais elles paraissent surtout avoir conduit vers les points importants de l'édifice.

Bordée à l'Ouest par des maisons de la ville aux murs arasés, la cour Ouest est limitée au Nord et au Sud par deux constructions intéressantes.

Au Nord s'étend l'ensemble appelé «*crypte hypostyle», une longue enfilade de pièces en sous-sol reliée à une série de salles-*magasins à sol stuqué, rigoles d'écoulement et vases *collecteurs; ce dispositif n'a pas encore été expliqué de façon satisfaisante, mais on y reconnaîtra plus volontiers un caractère artisanal qu'officiel et politique.

Le fouilleur, H. van Effenterre, y a vu l'endroit où s'assemblaient les deux conseils, celui des anciens et celui des plus jeunes, qu'il pense avoir régi les destinées de la ville à l'époque des Premiers Palais.

Au Sud ont été partiellement dégagées de grandes salles-*magasins qui ne sont pas architecturalement reliées au palais, mais qui paraissent en avoir été étroitement solidaires à l'époque *protopalatiale; certaines d'entre elles renferment encore des *pithoi brisés sur le sol.

Enfin à l'Est se profile la façade principale du palais, construite en blocs d'*ammouda* équarris dans sa partie centrale, en blocs bruts de *sidéropétra* aux extrémités. Elle présente plus qu'aucune autre la caractéristique typique des façades minoennes, une suite de *redans alternant avec des *rentrants accusés (**fig. 1**). Le mur d'*ammouda* est précédé par une banquette de même matériau qui lui est simplement accolée et ne forme pas *socle.

On observera dans cette façade des raffinements qui ne sautent pas aux yeux à première vue; ils sont encore particulièrement nets dans le rentrant central, mais étaient présents dans toute la partie construite en *ammouda*. A cet endroit banquette et muraille présentent des *décrochements inversés qui dessinent un retrait de faible profondeur sur la ligne de façade. Il est probable que ce dispositif a pour fonction principale de créer des jeux d'ombre sur l'aplat du mur; on a également supposé avec de bonnes raisons que des fenêtres étaient placées dans le creux plutôt que sur les saillies latérales.

La façade Ouest se distingue nettement des façades secondaires construites en gros blocs bruts de *sidéropétra*; toutefois il est possible qu'un épais revêtement de terre et de stuc ait fait disparaître les irrégularités de l'appareil et rendu plus homogène l'aspect de la muraille extérieure.

Une entrée unique est percée dans un des *rentrants. Cette ouverture dont la réalité est indiscutable n'est en fait qu'une entrée secondaire qui donne accès au quartier des *magasins Ouest et, de là, soit à l'étage par l'escalier II 2-II 3 soit à la *crypte à piliers VII 4 par un itinéraire en *chicane.

Il est possible de choisir divers itinéraires pour visiter un palais minoen. On s'est proposé ici, en choisissant l'entrée Nord, de suivre un tracé qui va du politique au religieux ; le tracé inverse amènerait à privilégier l'entrée Sud.

L'ENTRÉE NORD ET LE QUARTIER D'APPARAT

L'entrée Nord.

•1   L'**entrée Nord** est très certainement, comme à Knossos, l'entrée principale. Elle est précédée sur plus de 37 m par une chaussée dallée en *aspropétra* enchâssée dans un* *kaldérim* (**fig. 2**). Sur la plus grande partie de son trajet cette chaussée longeait un mur de façade, aujourd'hui disparu, et un ensemble de murs arasés dont nous reparlerons plus loin (p. 32-36) en même temps que du *pithos* visible en bordure. Au contact de l'entrée est encore bien conservé sur la droite un caniveau d'évacuation pour les eaux pluviales des cours voisines.

De la porte Nord ne subsistent que le seuil, fait de deux grandes dalles mises bout à bout, et latéralement les deux bases, dissemblables, des *jambages ; aucun système de fermeture n'est plus visible ni décelable, mais on imaginera volontiers la présence à cet endroit d'une porte de bois à deux vantaux en raison de la largeur de la baie (2,70 m).

L'entrée elle-même comporte deux vestibules successifs, l'un et l'autre dallés avec soin, placés à angle droit et séparés par une large embrasure, de même structure que la baie extérieure (**plan 2**).

Au débouché sur la cour Nord, on observera sur la gauche l'usure très nette du dallage qui indique l'axe du trajet suivi le plus fréquemment par les visiteurs antiques.

Le dispositif de l'entrée Nord traduit un remarquable souci de monumentalité, en rapport direct avec les parties du palais auxquelles elle conduit. Il est aussi très significatif que s'y rencontre un procédé habituel

Fig. 3. — La cour Nord et la cour Nord-Ouest, vues du Nord-Est.

Fig. 4. — Le bâtiment oblique sur le dallage du portique de la cour Nord, vu de l'Ouest.

des architectes minoens, le tracé en *chicane dont le but est de dissimuler aux vues l'intérieur d'une construction.

La cour Nord et ses dépendances (quartiers XXIV à XXVIII)

•2   La **cour Nord** (**fig. 3** et **plan 3**) qui fait suite immédiatement à la *chicane de l'entrée forme un rectangle allongé dans le sens Nord-Sud de 18,70 m sur 12,30 m, soit de 230 m² de superficie totale en y comprenant le portique qui la borde sur trois côtés. Ce *portique dont le sol était entièrement dallé à l'origine dessine un Π ouvrant vers l'Ouest dont les deux jambes sont de longueur inégale ; la plus courte, l'aile Sud, est barrée par la présence d'un petit bâtiment construit de biais à époque postérieure et dénommé «bâtiment oblique» par les fouilleurs.

La couverture, entièrement disparue, était supportée vers l'extérieur par une rangée de *colonnes dont les bases sont encore en place et à l'intérieur par deux colonnes intermédiaires. L'une de ces bases, à l'angle de l'aile Sud, arrachée lors de la construction du «bâtiment oblique», est actuellement placée sur le sol contre son mur Nord.

En avant du dallage, une autre base, qui présente à sa surface une cavité circulaire, ne s'explique pas dans le système des bases du *portique : elle a pu servir de socle à un objet non architectonique ou à un poteau isolé.

•3   Le «bâtiment oblique» (**XXIII**) est fait de blocs équarris de remploi sur lesquels sont gravées plusieurs *marques de maçon (étoile et rameau). Il comporte une pièce unique précédée d'un *porche à antes où est visible l'une des bases du *portique de la cour (**fig. 4**). La baie intermédiaire est décalée vers le Sud à la mode minoenne et pourvue d'un seuil enchâssé dans le dallage. Toute la construction, par son implantation et par ses matériaux, est manifestement une addition postérieure (MR II).

La partie Ouest de la cour, non couverte, est revêtue d'un sol de *terrazza* blanchâtre et traversée par une rigole Nord-Sud en liaison avec le caniveau menant à l'entrée Nord.

La cour Nord est bordée de plusieurs constructions dont la destination peut être précisée avec assez de vraisemblance, l'ensemble ayant l'aspect d'une installation domestique.

A l'**Ouest**, fait exceptionnel au sein d'un édifice palatial, le bâtiment **XXVIII** constitue une entité indépendante qui borde à la fois la cour Nord et la cour Nord-Ouest. Des traces de remaniement y sont perceptibles, telles que les murs d'*ammouda* de XXVIII 2 et le petit escalier accolé au mur Est. Un séparateur d'huile y a été trouvé et surtout un grand *pithos* enfoncé dans le sol de XXVIII 2.

0   25   50 cm
Sigalas

Fig. 5a. — *Pithos* de XXVIII 2, actuellement dans la cour Nord (1 : 20).

Fig. 5b. — Cornes de consécration du bâtiment XXVIII.

Fig. 6. — Scène figurée sur le triton en chlorite trouvé au Nord-Est du palais (1 : 2).

Le vase a été aujourd'hui replacé par commodité dans l'aile Nord du portique. Haut de 1,67 m, il porte une riche décoration exécutée par modelage, impression, incision et coulures (**fig. 5a**). Dans des zones délimitées par des bandeaux horizontaux courent des motifs en relief : bandes ondulées, fleurs stylisées à deux pétales inversés, spirales enchaînées à double enroulement. L'incision est utilisée en complément sous la forme de traits ou de chevrons parallèles, de même que l'impression, réalisée par l'application d'un tube creux sur l'argile encore molle.

De ce même bâtiment provient aussi le seul exemplaire complet de *cornes de consécration du palais (**fig. 5b**).

Au **Nord** on identifiera comme des salles-*magasins un bloc de six pièces étroites et longues (**XXVII**) sans dispositif particulier sinon une auge et une meule de pierre. Des pilastres d'*ammouda* placés à intervalles réguliers dans les murs de séparation dénotent la présence de renforcements destinés à soutenir la toiture ou l'étage. Dans la dernière pièce à l'Est, un réduit ouvert au Sud pourrait avoir servi de four ou mieux encore de resserre si les étroits compartiments qui l'entourent recélaient une cage d'escalier menant à l'étage.

A quelques mètres à l'Est du palais, mais en provenant sans doute, a été trouvé en 1981 au cours de fouilles complémentaires menées par P. Darcque et Cl. Baurain un vase en forme de coquillage (*triton), sculpté dans un bloc de *chlorite verdâtre et orné d'une scène en relief (**fig. 6** et **Pl. II, 2**) : deux *démons à carapace, debout, offrant une *libation (Musée d'Agios Nikolaos nº 11246).

A l'**Est**, une entrée secondaire permet d'atteindre la seule pièce du palais (**XXVI**) qui n'ouvre que sur l'extérieur : cette disposition inhabituelle autorise à l'interpréter avec quelque raison comme une étable pour petit bétail. Les autres pièces ont manifestement, si l'on en juge par le mobilier recueilli, une vocation culinaire ; on notera surtout en **XXV 2** une curieuse construction en quart de cercle équipée sur le devant d'un bloc d'*ammouda* à quatre cavités (ou *gourne) : l'abondance de la céramique brisée retrouvée à l'intérieur ferait penser à un placard plutôt qu'à un four mal conservé.

De la cour Nord, on se dirigera d'abord vers le quartier d'apparat par la cour Nord-Ouest, puis vers la cour centrale par le vestibule XXI 1 et le couloir C'.

La cour Nord-Ouest et le quartier V

Faisant suite immédiatement à la cour Nord, la **cour Nord-Ouest** (naguère appelée «cour du Donjon») est un peu plus longue (19,70 m) et

Fig. 7. — La cour Nord-Ouest et la façade du bloc V.

Fig. 8. — Dégagement de la courette IV 2 encombrée de blocs tombés (1919).

un peu moins large qu'elle ; elle est surtout d'aspect tout différent. Vaste espace rectangulaire, elle est bordée par deux murs d'*ammouda* continus à l'Est et à l'Ouest qui ont l'apparence de murs de façade, le mur Ouest présentant même une suite de *décrochements analogues à ceux de la façade Ouest du palais. Le sol est entièrement revêtu d'une épaisse couche de *terrazza* blanchâtre, mais des restes d'aires dallées y sont visibles. Dans l'axe, deux grandes dalles de pierre de contour irrégulier ne sont pas fortuites : on y verrait volontiers la base d'un petit monument aujourd'hui disparu, peut-être un *autel. Contrairement à la cour Nord qui constitue un centre pour des salles périphériques, la cour Nord-Ouest apparaît comme une allée monumentale conduisant à un secteur essentiel de l'édifice.

L'angle Sud-Est de cette cour est occupé par un bloc de trois pièces (quartier **V**) qui fait saillie sur la ligne du mur Sud. Sa façade en gros blocs de *sidéropétra* assez soigneusement travaillés (on remarquera en particulier du côté Ouest les traces des instruments utilisés) l'ont fait surnommer par les fouilleurs tout d'abord la «Porte de Fer» puis le «Donjon» (**fig. 7**). En fait, si cette dernière appellation à caractère militaire est en contradiction avec l'allure et la fonction pacifiques des palais minoens, il est vrai que l'aspect de cette muraille est assez impressionnant. On accède au bloc V par un escalier de deux marches couronné par un seuil où se voit encore à gauche la *crapaudine circulaire qui recevait le pivot de la porte. Les deux premières pièces étaient encombrées de vaisselle, probablement tombée de l'étage, et à l'origine une porte dont le seuil est encore visible dans un renfoncement du mur Sud permettait de passer directement dans la pièce V 3, à l'angle Nord-Ouest de la cour centrale.

L'accès à la salle d'audience

Pour gagner le quartier d'apparat, il faut laisser le bloc V sur sa gauche et tourner à droite dans une courette (**IV 2**) qui n'est qu'un prolongement de la cour Nord-Ouest, puis sur la gauche où deux bases carrées sont placées dans un renfoncement de la muraille et délimitent un *porche à poteaux de bois.

On notera à gauche la présence dans le mur d'un bloc d'*ammouda* de grande taille (plus de 3 m de long) portant sur sa face supérieure à la fois une *marque de maçon habituelle, celle de l'étoile fléchée, et une inscription de trois signes de *linéaire A, ce qui est un fait rarissime.

De l'autre côté, un bloc tombé a été laissé dans la position où les fouilleurs l'ont dégagé en 1919 (**fig. 8**).

Au fond du porche une porte décentrée avec un beau seuil sans trou de *crapaudine donne dans un vestibule (**IV 3**) sur lequel ouvrent sur la gauche la cage d'un escalier montant à l'étage (**IV 7-IV 8**) et en face la porte d'un groupe de deux pièces (**IV 9-IV 10**) que les fouilleurs ont interprété, d'après les objets trouvés, comme un atelier d'ivoirier, mais qui doit être, plus vraisemblablement, une resserre pour objets précieux dans l'étroite dépendance de la salle d'apparat voisine.

Cette porte possède encore deux jambages assez bien conservés et surtout un seuil surélevé où se remarquent deux trous de *crapaudine différents qui traduisent plutôt une réutilisation du seuil que deux positions successives du même vantail. En outre la crapaudine de gauche trahit un déplacement du pivot de la porte en cours d'utilisation et des stries concentriques dénotent le frottement du vantail sur le seuil.

Sous le sol de terre de la pièce IV 7 a été mis au jour en 1985 un dispositif inhabituel : contre un mur arasé orienté Nord-Sud était placée une sorte de boîte en *ammouda* qui contenait un vase intact en forme de *théière, datable du MA III-MM IA (**fig. 9** et **10**). Il pourrait s'agir d'un *dépôt de fondation en relation avec la première construction palatiale.

Le vestibule IV 3 était conçu comme une salle d'attente si l'on en juge par les traces d'une banquette coudée encore visibles dans l'angle Nord-Ouest. De là on passait dans une deuxième pièce (**IV 5**) qui en est le prolongement, puis dans un couloir coudé (**IV 6**) que fermait une porte.

La salle d'audience et ses annexes (quartiers III et IV)

Le quartier d'apparat (**fig. 11** et **plan 4**) est organisé dans tous les palais minoens autour d'un ensemble architectural construit sur un plan stéréotypé qui comporte une courette à ciel ouvert ou *puits de lumière, une antichambre dallée en forme de *porche sur laquelle donne l'itinéraire d'accès, la salle principale au sol également dallé, ouverte sur trois côtés par un système de baies multiples, enfin un *portique ouvrant sur une cour ou sur l'extérieur.

A Malia, les éléments constitutifs sont disposés du Sud au Nord en raison du vent dominant, le *meltem*. On entre dans l'antichambre, longue et étroite, par une large baie autrefois équipée de jambages et divisée en deux par un montant de bois dont seules des traces carbonisées ont été retrouvées. Immédiatement sur la gauche ouvre le *puits de lumière au sol de *terrazza* d'où l'eau s'évacuait par un orifice ménagé dans l'angle Sud-Ouest (fait curieux, le débouché du conduit, lui-même disparu, est encore visible dans la façade Ouest du palais). Des deux bases de *colonnes du *porche, l'une est carrée et l'autre presque ronde et toutes deux affleurent le niveau du sol.

Fig. 9. — Dépôt de fondation trouvé sous le sol de IV 7 en 1985.

Fig. 10. — «Théière» provenant du dépôt de fondation de IV 7.

On observera que dans l'enduit conservé sur le mur de fond du puits de lumière sont encore visibles des lignes incisées destinées à imiter les joints d'un appareil de blocs équarris sans que ces lignes correspondent à des joints effectifs de la maçonnerie ; c'est donc l'ébauche du décor en trompe-l'oeil, rare dans la décoration crétoise.

Le mur de fond du puits de lumière est percé de deux ouvertures. La première, à l'Est, à laquelle mène un passage dallé, conduit par un itinéraire coudé dans une petite pièce pourvue d'une base de *pilier en *ammouda* (**III 8**). Le seul intérêt de cette pièce tient au fait qu'un dépôt de documents inscrits a été trouvé sous le sol du vestibule d'accès, et donc sans rapport avec l'état actuel du quartier III : ce dépôt contenait des médaillons, des barres et des tablettes qui portaient des signes d'écriture *hiéroglyphique ou *linéaire A. Même si ces écritures ne sont pas déchiffrées, il est clair qu'il s'agit de documents de comptabilité.

La seconde, à l'Ouest, était pourvue d'une véritable porte : elle offre encore deux bases de *jambage en Γ taillées dans la pierre de seuil, les seules de ce type dans tout le palais. La porte franchie, on gagne par un étroit passage (**IIId**) deux petites pièces carrées (**III 5** et **III 6**) communicantes, l'une et l'autre dallées et revêtues d'un *parement d'*ammoudas* taillées, souvent marquées du signe de la double *hache. Sans que leur fonction exacte puisse être précisée en l'absence d'un mobilier spécifique, leur architecture soignée semble être en relation étroite avec le caractère officiel du reste du quartier.

La salle principale (**III 7a**), à droite, est souvent appelée faussement «*mégaron*» et même «*mégaron* du roi» pour la distinguer de la salle voisine (III 1) appelée «*mégaron* de la reine». Il s'agit d'une salle légèrement étirée dans le sens Est-Ouest (6,60 m sur 5 m) au sol revêtu d'un dallage en *mosaïko*. Sa principale caractéristique est de ne comporter qu'un mur plein, le mur Ouest, les trois autres côtés présentent un système de baies multiples, quatre au Nord et au Sud, trois seulement à l'Est. Un *pilier d'*ammouda* dont un bloc est conservé était destiné à renforcer la structure à l'angle Nord-Est.

Ce système de baies est bien connu dans les autres palais crétois, mais il revêt ici un aspect particulier : au lieu de reposer sur des bases de pierre en forme de double T comme à Knossos, à Phaistos ou à Zakros, les montants séparant les baies reposent dans des évidements creusés dans le sol. Ces cavités, qui contenaient encore les restes carbonisés des montants, n'ont pu être conservées en raison de leur fragilité et ont été remplacées par des blocs de ciment rectangulaires en relief qui ont l'inconvénient de fausser la réalité. Des investigations récentes (1982) qui ont permis de retrouver le tracé exact de ces cavités ont montré qu'elles avaient la même forme en double T que les bases de pierre des autres palais (**plan 5**). Le fonctionnement des baies était donc identique : en cas d'ouverture, les battants des portes venaient se loger à l'intérieur du décrochement des montants latéraux.

La salle III 7a, placée à l'extrémité d'un itinéraire intentionnellement complexe, doit être identifiée non comme une simple salle résidentielle, mais comme la «salle du trône» ou «salle d'audience» du palais. Elle ouvrait sur l'extérieur au Nord et à l'Est par un *portique coudé à sol de *terrazza*. De la colonnade qui le limitait du côté Nord ne subsiste qu'un des blocs du *pilier d'*ammouda* qui la terminait vers l'Est et trois bases de *colonne circulaires en *sidéropétra*. Plus à l'Ouest trois blocs de fondation noyés dans la terrasse du portique révèlent la présence de trois autres supports dont le dernier devait être également un pilier d'*ammouda*.

Le portique a été restauré en 1985 après des sondages faits sous les sols : sur ces trois blocs de fondation a été restitué l'emplacement de deux piliers (et non d'un seul), ce que rien n'indiquait à l'origine : une colonnade de cinq colonnes de bois entre deux piliers d'*ammouda* pourrait également convenir. On notera surtout l'étonnante quantité de *mortaises (huit au total) taillées dans le bloc de l'extrémité Ouest : elles ne s'expliquent bien que comme le résultat de remplois successifs.

De l'antichambre part un couloir Nord-Sud (**IIIa**) qui conduit sur la gauche à d'étroits compartiments, sans aucun doute la cage d'un escalier de service mettant en relation le quartier d'apparat et les appartements privés du roi, sur la droite à une grande salle dallée fermée par une porte (**III 1**), presque aussi vaste que la salle voisine (5,30 m par 5 m), que l'on a parfois appelée le «*mégaron* de la reine»; elle se prolongeait par la salle **III 2**, très détruite, qui donnait sans doute accès à un sol de même niveau dans le redan **III 3**.

La salle III 1 sert surtout d'avant-salle à ce que l'on appelle traditionnellement «*bain lustral» (**III 4**), une petite pièce à l'architecture bien spécifique dans l'architecture minoenne : le sol en étant placé en contrebas, l'accès se fait par un escalier coudé bordé d'une rampe. La pièce elle-même, de faibles dimensions, était entièrement stuquée à l'origine, avec un sol dallé. L'interprétation la plus satisfaisante de ce type de salle est qu'elle servait à des actes de purification, en relation avec le fonctionnement de la salle d'audience voisine.

Le secteur Nord-Ouest

•**5**   Le quartier d'apparat ouvrait au Nord sur un vaste espace qui apparaît aujourd'hui traversé par un quadrillage de murs arasés, placé à une cinquantaine de centimètres plus bas. Cette situation artificielle est le résul-

Fig. 11. — Le quartier d'apparat, vu du Nord.

Fig. 12. — L'espace protopalatial à *kaldérim* de l'angle Nord-Ouest, vu du Nord-Ouest.

tat de la fouille qui a entièrement décapé le *niveau supérieur et elle risque de fausser l'image que l'on devrait se faire du dernier état du palais. Dans la réalité cet espace était occupé à la dernière époque par une sorte d'esplanade sans constructions où les fouilleurs ont voulu voir des jardins. Si cette hypothèse n'est pas sans attrait, elle n'a cependant aucun fondement sûr. Les murs visibles aujourd'hui appartiennent au premier édifice palatial dont provient le grand *pithos à décor *cordé placé à l'heure actuelle près de l'entrée Nord.

Le pithos, haut de 1,74 m et large de 1,12 m, présente une lèvre et une base annulaires en forte saillie et trois rangées de six anses verticales. Il est surtout remarquable par la richesse de son décor en relief. La panse est divisée en quatre larges bandeaux par des cordes horizontales groupées par deux ou par quatre, une corde unique entourant le col ; les trois bandeaux inférieurs sont parcourus par d'autres cordes disposées en croisillon ou associant obliques et verticales ; le quatrième est décoré de cinq étoiles exécutées en relief dans la même technique, la sixième étant remplacée par un signe en forme de α. Le vase, qui date de l'époque du premier palais, provient de la pièce en contrebas près de laquelle il a été replacé après restauration.

Les constructions *protopalatiales du Nord-Ouest. Il est possible de reconnaître un plan organisé dans l'ensemble de murs dégagés sous l'esplanade Nord-Ouest. Leur disposition montre qu'il s'agit bien d'un secteur de l'édifice palatial. On distingue en effet en bordure de la cour Ouest une série de pièces allongées dans le sens Est-Ouest qui ont l'aspect de *magasins donnant sur un couloir de desserte Nord-Sud, selon un schéma qui se retrouve plus au Sud dans l'édifice *néopalatial ; vers l'Est, on identifie aisément une courette à sol stuqué bordée par un *portique coudé dont quelques bases de colonne sont conservées. C'est au premier palais encore que l'on rapportera le vaste espace au sol revêtu d'un* kaldérim dans un *redan de la façade Ouest, sur lequel vient empiéter l'angle Nord-Ouest de la façade du second palais (**fig. 12**).

Comme on pouvait s'y attendre, ces constructions se poursuivaient audessous des quartiers III et IV de l'édifice *néopalatial (**plan 6**). Des sondages en 1936 et 1946 (F. Chapouthier) et des dégagements plus larges en 1981 et 1982 (O. Pelon) ont mis au jour sous les salles III 1 et III 7a des salles bien conservées qui révèlent des aspects jusqu'ici inconnus de l'architecture *protopalatiale à Malia. La superposition de deux *niveaux architecturalement intéressants rendait impossible de laisser à découvert le niveau inférieur au détriment de l'autre ; on a donc procédé au réenfouissement des constructions *protopalatiales que seuls dessins et photographies permettent maintenant de reconstituer.

Fig. 13. — La salle protopalatiale β, vue de l'Ouest en 1981 avec la matérialisation sur le sol des épées trouvées en 1936.

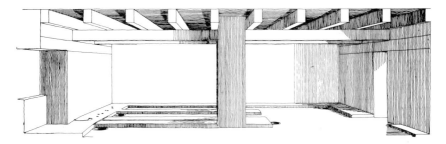

Fig. 14. — Essai de reconstitution de la salle protopalatiale β.

Trois salles ont été dégagées : à la plus occidentale (α) appartiennent les deux bases de colonne encore visibles devant la façade Ouest ; la deuxième (β) est une salle de grandes dimensions (9 m sur 7) au sol entièrement stuqué, pourvue d'un système inhabituel de plates-formes, de rigoles et de vases *collecteurs (**fig. 13-14**) ; la troisième (γ) possédait en son centre, au lieu d'un *pilier d'*ammouda*, un double poteau de bois (**Pl. III, 1**). Une trouvaille remarquable a été faite en 1936 sur le sol de la salle β, celle de deux épées de bronze dont l'une a reçu, en raison de son décor, le nom d'« épée à l'acrobate ». Cette dernière (Musée d'Héraklion n° 2284) avait une lame de 0,72 m de long (**fig. 15**) et portait à sa poignée une rondelle d'or (n° 636) sur laquelle s'enroulait la silhouette d'un personnage au pagne long et aux cheveux bouclés exécutée au repoussé, peut-être un acrobate qui virevolte par-dessus la pointe de son épée fichée dans le sol (**fig. 16** et **ill. de couverture**). Cette épée d'apparat témoigne de la grande habileté du bronzier et de l'orfèvre maliotes dans le courant du MM II, aux côtés des productions polychromes du potier (**fig. 17** et **Pl. III, 2**).

Les salles découvertes frappent par leur caractère spacieux, le soin mis à en enduire le sol et sans doute les murs, enfin leur système de plates-formes qui ferait penser à des salles-*magasins mais avec des particularités insolites. En effet divers indices amènent à y voir des installations de caractère religieux plutôt que profane.

Une première phase de l'édifice * néopalatial. Le même secteur a également révélé l'existence en profondeur des restes d'une première phase néopalatiale (MM III) sous la forme d'un gros mur de façade Est-Ouest suivi sur une longueur de plus de 15 m et large de plus de 1 m. Ce mur auquel se raccordait sans doute à l'origine l'angle du quartier V sur la cour Nord-Ouest a été rasé au moment de la construction au MR I de la salle d'audience et de ses annexes (**fig. 18**).

A partir du quartier d'apparat, entièrement fermé vers le Sud, on doit retourner à la cour Nord pour se diriger ensuite vers la cour centrale.

L'accès à la cour centrale.

Dans la partie Sud de la cour Nord, le bâtiment oblique défigure la disposition initiale : d'un côté (à l'Est) on avait accès à l'étage par un escalier (**XXII 3-XXII 1**) dont le palier inférieur et les huit premières marches, en pierre, sont conservées, de l'autre (au Sud) on pénétrait dans e salle dallée à colonne centrale (**XXI 1**).

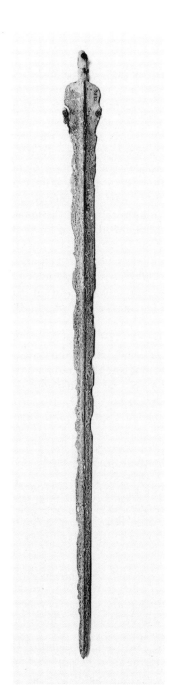

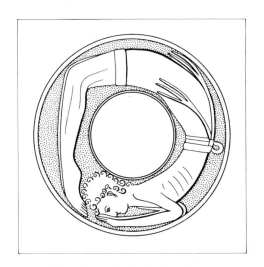

Fig. 16. — Dessin de l'acrobate.

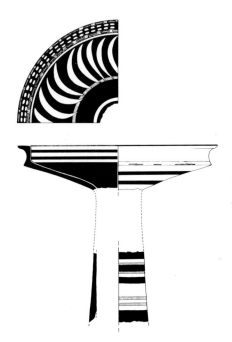

Fig. 15. — Lame de l'épée à
l'acrobate trouvée en 1936
(1 : 5).

Fig. 17. — Compotier polychrome
trouvé dans les salles protopalatiales
en 1983.

Le vestibule XXI 1 ouvre à gauche sur deux longues salles (**XXI 2** et **XXII 2**) en connexion étroite. On pourrait penser à des salles-*magasins mais l'identité du dispositif avec les deux espaces XXII 3-XXII 1 immédiatement au Nord permet d'y reconnaître avec vraisemblance une cage d'escalier qui doublerait l'escalier voisin.

Dans l'angle Sud-Ouest de XXI 1 prend naissance un couloir dallé (**C'**) qui mène directement à la cour centrale. On remarquera à l'entrée de ce couloir la présence d'une porte à deux vantaux décelable à la petite cavité carrée taillée au milieu du passage dans le seuil d'*aspropétra* : il s'agit sans aucun doute d'un dispositif de fermeture par targette verticale. Les jambages (le mieux conservé est à l'Est) lui donnent l'aspect d'une porte monumentale tournée vers l'extérieur.

Une autre porte existait au débouché du couloir sur la cour ; en effet sur la grande dalle rectangulaire placée dans l'axe du passage, on voit encore les stries laissées par un battant de bois tournant autour d'un des fûts de colonne du *portique Nord. Si l'accès à la cour était direct, il n'en était pas moins étroitement contrôlé.

Avant de franchir le seuil, il est possible de tourner sur la gauche et de s'engager sous le portique. On rencontre alors un dallage composé de grandes dalles d'*aspropétra* qui précède la baie d'entrée dans un bloc de deux salles communicantes disposées selon un schéma traditionnel, le •**6** *plan « *but and ben* » (**fig. 19** et **plan 7**). Une première salle (**IX 1**), toute en longueur, possède en son centre la base d'*ammouda* d'un pilier disparu, tandis que la seconde (**IX 2**), la salle *hypostyle, beaucoup plus spacieuse, est de plan carré et présente d'Est en Ouest deux rangées de trois piliers dont sont seuls conservés la base et le bloc inférieur en *ammouda*.

Cinq de ces blocs portent sur leur face supérieure quatre *mortaises destinées à recevoir les tenons de madriers verticaux de renforcement pour une superstructure en *blocage ; le sixième, au Nord-Est, fruit manifeste d'un remaniement, est de plus grande taille que les autres et son sommet, resté visible à la surface du sol avant la fouille, a été endommagé par les travaux des champs.

Un tel dispositif architectural ne s'explique bien que dans l'hypothèse de la restitution à l'étage d'une salle reproduisant le plan du rez-de-chaussée dans laquelle a été reconnue avec vraisemblance par l'archéologue canadien J.W. Graham la salle de banquets officielle du palais. On observera d'ailleurs, dans le mur de séparation entre IX 1 et IX 2, une sorte de *pilastre d'*ammouda* qui peut laisser supposer l'existence à l'étage d'une rangée de *colonnes supplémentaire.

Un des accès se faisait par l'escalier voisin (**IXa-b**) conservé dans sa partie basse en IXa où huit marches d'*ammouda* ont été restaurées. La

Fig. 18. — Mur de façade MM III sous le quartier III.

Fig. 19. — Salle à piliers IX 2, vue du Sud-Est.

Fig. 20. — Barre inscrite trouvée en 1978 en IXb (face a ; 1 : 1).

deuxième volée occupait l'espace contigu (IXb) et débouchait sur une galerie que l'on restituera au-dessus du portique Nord. C'est par cette galerie que l'on devait parvenir à la salle de banquets. D'autres itinéraires d'accès empruntaient les escaliers situés au Nord à partir de la cour Nord et du vestibule à colonne centrale XXI 1.

Sous le sol de l'espace IXb a été découverte en 1978 une barre d'argile inscrite portant des représentations de vases et des signes du linéaire A (**fig. 20**) ; cette trouvaille isolée faisait peut-être partie à l'origine d'un dépôt d'*archives aujourd'hui dispersé.

A partir de l'extrémité Est du portique Nord à laquelle on est arrivé (et mieux encore depuis le haut de l'escalier IXa), on aura une vue d'ensemble sur les différentes façades de la cour centrale que l'on pourra ensuite examiner une par une en détail.

LA COUR CENTRALE ET SES BORDURES EST, SUD ET OUEST

La cour centrale

La cour centrale dessine un grand rectangle à peu près régulier d'environ 48 m de long et 23 m de large, au sol revêtu de *terrazza* blanche comme celui des autres cours. Aucun des espaces dallés que l'on y remarque n'est le reste d'un ancien dallage aujourd'hui disparu. Chacun d'eux d'ailleurs a une fonction spécifique en liaison avec son environnement immédiat.

Des sondages ont été pratiqués en divers points de la cour. Ils ont révélé que quatre ou cinq sols successifs y étaient superposés dont les plus anciens datent de l'époque *protopalatiale. En outre il est apparu que l'établissement de la cour avait mis fin à un habitat prépalatial remontant à tout le moins au milieu du IIIe millénaire (MA IIA).

Les façades sur la cour

La cour centrale présente une grande diversité de bordures qui montrent le souci de variété des architectes minoens.

La façade **Ouest** est constituée dans sa partie centrale par un simple muret de *blocage, peu imposant et aujourd'hui très dégradé. On remarquera par contre les deux escaliers de pierre majestueux qui montaient à l'étage de part et d'autre de ce muret. L'**escalier Sud-Ouest** dont seuls quatre degrés sont conservés fait penser à un dispositif à gradins en raison de la profondeur inhabituelle de chaque marche, sans qu'on puisse cependant exclure sa fonction première. L'**escalier Nord-Ouest** en partie remonté et conservé sur une plus grande hauteur (11 marches) présente des intervalles, stuqués à l'origine, de caractère décoratif. En outre on remarquera au niveau de la marche inférieure vers le Sud un bloc de pierre où se voit encore la *crapaudine d'une grande porte fermant l'accès à l'escalier à partir de la cour. La crapaudine opposée qui était en bronze (diam. 16,5 cm) a été mise au musée. Plus au Nord, le mur de façade de VI 3-4 comporte deux blocs de *sidéropétra* qui sont les plus soigneusement taillés dans ce matériau dur au palais.

Sur le côté **Nord** sont conservées les onze bases de marbre d'un *portique continu. Ces bases ont des formes et des dimensions irrégulières mais les *entrecolonnements sont assez uniformes sauf à l'endroit des accès à la cour à l'Est et à l'Ouest. Ce portique était fermé sur la cour par un muret, sans doute de briques, reposant sur une assise de petites plaques, seules encore en place.

L'une d'elles présente trois cavités alignées le long d'un rectangle *piqueté dans la pierre : il s'agit d'un bloc à double *crapaudine provenant probablement de l'étage.

Un tel dispositif permettait une circulation hors de la cour elle-même entre le couloir C' et l'escalier IXa-b.

Sur la bordure **Est** s'étend au Nord et au Sud une belle façade d'*ammoudas* équarries sur socle en saillie, interrompue en son milieu par un *portique plus élaboré que le portique Nord et par le passage de l'entrée Sud-Est. Des *piliers d'*ammouda* dont le bloc inférieur est encore en place alternaient régulièrement avec des *colonnes de bois dont les bases circulaires, en marbre, sont incluses dans une assise d'*ammouda*. On remar-

quera en outre sur cette assise la présence de trois cavités dans chaque
*entrecolonnement ; ces cavités étaient destinées à recevoir les montants
d'une barrière dont l'encastrement est encore bien visible dans le pilier
Sud. Comme sous le portique Nord, une circulation se faisait donc en
dehors de la cour depuis l'entrée Sud-Est jusqu'au quartier X.

Au **Sud** enfin, on rencontre la seule façade à *décrochements de cet
ensemble. L'assise basse d'*ammoudas* offre en outre sur sa face supérieure
un curieux travail qui ne se distingue bien que par lumière frisante. Des
bandeaux en creux longitudinaux se combinant de loin en loin avec des
évidements transversaux marquent l'emplacement de pièces de bois destinées à renforcer l'appareil de *blocage ou de briques de la superstructure. Diverses considérations rendent difficile d'admettre à cet endroit un
système de baies ouvrant sur la cour. On aurait plutôt là une sorte de
rambarde limitant vers la cour un terre-plein ou une galerie.

Les façades sur la cour centrale ont manifestement été conçues dans un
souci de monumentalité particulier qui combine murs pleins et surfaces
ajourées. Il est également clair que les constructeurs ont cherché à isoler
avec soin, plus que nulle part ailleurs, l'espace central de ses abords
immédiats en fonction de l'usage cérémoniel qui devait être fait de
celui-ci.

On poursuivra ensuite la visite dans le sens des aiguilles d'une montre.

Les constructions de la bordure Est

L'angle Nord-Est de la cour centrale

En sortant du portique Nord par son extrémité Est, on rencontre dans
l'angle de la cour une aire dallée dont un côté est légèrement incurvé. Ce
dallage s'explique aisément par la position qu'il occupe : au Nord, il
donne accès à l'ouverture ménagée dans le portique Nord en direction de
l'escalier IXa-b, à l'Est, il borde l'entrée dans la salle X 1, limitée au
Nord par une cloison de briques qui interdit un passage direct depuis le
portique et matérialisée par une très longue pierre de seuil portant la
trace d'encastrements. La présence de dalles dans cet angle est donc due
à la circulation importante qui devait avoir lieu entre ces divers points et
la cour centrale elle-même.

Sur le seuil, on observera à l'extrémité Sud l'usure due à la fréquence du
passage entre la salle X 1 et la cour centrale.

La salle **X 1** présente un plan et des caractéristiques tout à fait inhabi-

Fig. 21. — Le quartier X, vu du Sud-Ouest.

tuelles (**fig. 21** et **plan 8**) : tout d'abord un vestibule avec une *colonne centrale dont la base est un petit bloc mal dégrossi, puis une série de trois compartiments de petite taille communiquant entre eux et avec une sorte de long couloir à sol de *kaldérim* au Sud.

On remarquera surtout que le mur Sud de ces compartiments est fait d'une suite d'éléments discontinus entre lesquels court au niveau du sol une assise d'*ammoudas* portant par endroits des rainures transversales sur sa face supérieure : ce dispositif bizarre permet de penser qu'il existait initialement dans les intervalles des barrières de bois amovibles, et de même entre les compartiments eux-mêmes.

A l'Est, dans la muraille extérieure qui borde la salle X 1 est aménagée une fenêtre basse qui donnait de l'éclairage à la partie arrière de la salle. Au Nord, une grande salle **X 4**, de plus de 11 m sur 3, renferme encore deux grandes auges de pierre qui en soulignent le caractère purement utilitaire.

L'étrangeté du dispositif observé correspond sans aucun doute à une fonction particulière. Les premiers fouilleurs voulaient y voir des cuisines en raison de l'abondance de la céramique recueillie, peut-être tombée de l'étage, mais les compartiments successifs à barrières amovibles ressemblent bien plutôt aux loges d'une étable. Il est donc permis de penser qu'on y enfermait les animaux qui servaient dans la cour centrale toute proche à des cérémonies dont l'art minoen nous offre l'illustration : joutes, sacrifices, repas cultuels ou profanes.

Le reste du quartier X au Sud n'a aucune relation directe avec la partie Nord. Constitué à l'origine d'une grande salle à deux *piliers (**X 2a**), il a été ensuite subdivisé par des murs de refend (**X 2b**). Il ouvrait sur le portique Est par une porte à laquelle correspondait une ouverture sur la cour centrale dont le jambage Nord a laissé la trace de son encastrement dans le seuil d'*ammouda*.

Par ailleurs une porte existait dans le mur Sud entre X 2b et les magasins XI. Fermée lors de la construction en 1931 d'un abri moderne sur les magasins, elle a été récemment (1989) dégagée et révèle l'existence d'une liaison étroite entre la partie Sud du quartier X et ce quartier à fonction économique.

Les magasins Est

•7   A l'arrière du portique Est de la cour centrale, et directement accessible à partir de cette galerie couverte, s'étend un ensemble de salles dont le dispositif intérieur, très élaboré, est encore remarquablement conservé (quartier **XI**).

Cet état de conservation exceptionnel est dû à la construction dès 1930-1931, directement sur les murs extérieurs, d'un abri maçonné à toiture en terrasse (**fig. 22**). Le délabrement de ce bâtiment conjugué à la gêne que créait pour les visiteurs sa fermeture ont amené à substituer en 1989 à la construction initiale une toiture moderne qui, largement ouverte sur les côtés, permet tout à la fois de protéger une architecture délicate et d'apprécier de l'extérieur le raffinement de l'organisation conçue par les Minoens (**Pl. IV, 1 et 2**).

L'ensemble est composé de sept salles allongées (environ 6,50 m) et très étroites (moins de 2 m) disposées du Nord au Sud perpendiculairement à un couloir de desserte de plus de 17 m de long (**fig. 23, Pl. V, 1 et plan 9**). Chacune de ces salles est équipée de plates-formes latérales en plaques d'*ammouda* revêtues de stuc, qui laissent entre elles une étroite allée de circulation. Sur ces plates-formes étaient placés des jarres et des pithoi remplis d'un produit liquide, huile ou vin, dont l'excédent était recueilli dans de courtes rigoles transversales. Deux rigoles longitudinales sui-

Fig. 22. — Le portique Est et l'ancien bâtiment des magasins Est avant son enlèvement, vus du Sud-Ouest.

Fig. 23. — Vue aérienne des magasins Est (1989).

vaient le pied des plates-formes et se déversaient à l'extrémité Ouest dans un *vase collecteur enfoncé dans le sol jusqu'à l'embouchure. D'un magasin à l'autre les rigoles se rejoignaient en tournant autour d'une dalle sur laquelle reposait un vase isolé à la tête du mur de séparation.

La première de ces salles, au Nord, tout en présentant la même disposition intérieure, était également utilisée comme couloir d'entrée à partir du portique Est en bordure duquel on voit encore les restes d'une porte. Cette autre fonction a entraîné le déplacement du vase collecteur sur le côté. Une deuxième entrée, déjà signalée et sans doute plus ancienne, mettait en communication les magasins avec le quartier X au Nord.

Le deuxième magasin a été remanié pour l'aménagement à son extrémité Ouest d'un compartiment clos dont la fonction exacte apparaît mal.

A la tête du mur de séparation avec le magasin 1 a été employé un bloc d'*ammouda* creusé de deux *feuillures verticales dans lesquelles ont été taillées deux *mortaises; le dispositif a été interprété, mais sans certitude, comme un dispositif de fermeture qui aurait isolé encore un peu davantage ce magasin particulier.

Le couloir de desserte présentait le même système que les magasins latéraux mais avec une plate-forme unique placée contre le mur Est, qui est aussi la muraille extérieure du palais; les rigoles transversales rejoignaient là encore une rigole longitudinale, mais le vase collecteur était placé dans ce cas à mi-longueur. A ses deux extrémités ont été disposées des installations supplémentaires : au Nord, une auge de pierre accompagnée d'un bloc monolithe formant banquette est sans doute destinée au concassage du grain; au Sud, près d'un véritable banc, en fait un seuil réutilisé, à deux pieds d'*ammouda*, une cuve basse, encerclée par un muret de plaques dressées, paraît prévue pour recueillir un liquide.

Chapouthier a rapproché cette dernière installation de la représentation d'un cachet *protopalatial trouvé dans la cour centrale (Musée d'Héraklion n° 1399) où un personnage assis sur un siège, selon lui l'intendant du palais, paraît surveiller des rangées de grands vases, cruches et pithoi (**fig. 24**).

Les magasins Est appartiennent au premier palais, mais on a continué à les utiliser à l'époque *néopalatiale en y établissant un nouveau sol, en terre, qui faisait disparaître le dispositif remarquable des plates-formes et des rigoles. Cette transformation ne s'explique bien que par un changement de la nature même des produits stockés à l'intérieur, des denrées solides ayant sans doute remplacé les denrées liquides.

On rattachera aux magasins Est les trois salles placées au Sud (quartier **XII**), moins longues et plus larges, également moins élaborées, mais dont la fonction devait être identique. La différence de plan s'expliquerait soit par le stockage de denrées différentes soit par une date plus tardive.

Fig. 24. — Scène figurée sur un
cachet protopalatial provenant
de la cour centrale (2 : 1).

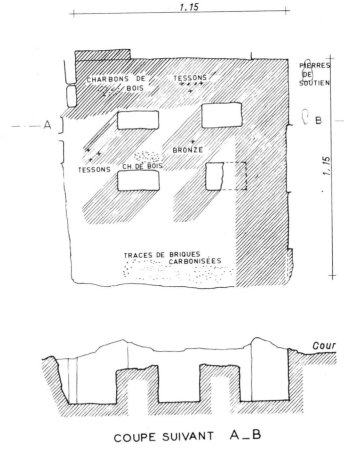

COUPE SUIVANT A_B

Fig. 25. — Plan de la fosse creusée dans la cour centrale (1 : 25).

Du portique Est on se rendra au centre de la cour pour examiner un dispositif original, mais assez mal conservé.

A cet endroit est aménagée une fosse carrée aux parois de briques dans laquelle quatre dés, également de brique, sont encore visibles sur les six qui devaient s'y trouver à l'origine (**fig. 25** et **Pl. V, 2**). La grande fragilité de ce dispositif a nécessité l'installation d'une protection qui a changé plusieurs fois de forme depuis la fouille. Lors de la fouille, une grande quantité de charbon remplissait la fosse qui portait intérieurement des traces de feu. Il s'agit donc, selon toute vraisemblance, d'un de ces *autels en creux sur lesquels on faisait brûler des offrandes.

L'entrée Sud-Est

Entre les magasins Est et le quartier situé dans l'angle Sud-Est du palais (quartier **XIII**) ouvre le passage d'une entrée moins monumentale que les entrées Nord et Sud, mais cependant importante (**fig. 26** et **plan 10**). Elle est précédée dans la cour centrale par un dallage dont le rôle est clair : il s'agissait de rendre praticable en tout temps un secteur où la circulation était fréquente.

La trace d'une porte fermant cette entrée du côté intérieur subsiste au Sud où est encore en place un bloc de *sidéropétra* fragmentaire avec, sur sa face supérieure, une large *crapaudine sur laquelle tournait l'un des vantaux.

Ce dispositif est le fruit d'un remaniement ; on reconnaît en effet au-dessous l'existence d'un seuil d'*ammouda* plus ancien et dans le dernier *pilier du portique Est la présence d'un encastrement qui marquait la place d'un des *jambages de la porte primitive.

Du sol ancien du passage n'est bien conservé que le trottoir Nord bordé au Sud par un caniveau d'évacuation dont le tracé se retrouve en creux dans le seuil d'*ammouda* extérieur.

On remarquera dans ce même seuil deux cavités latérales dont l'une, au Nord, est mieux conservée que l'autre : elles représentent les trous d'encastrement des *jambages d'une grande porte qui faisait pendant à la porte intérieure. A cet endroit prenait naissance une rue dallée d'*ammouda* qui mettait le palais en relation directe avec un des quartiers de la ville, le Quartier Zêta.

Immédiatement au Nord de cette entrée est placée contre la muraille extérieure une base de *sidéropétra* où est dessiné un cercle en relief de 0,77 m de diamètre. Une telle dimension n'est pas celle d'une base de *colonne ordinaire. Elle aurait pu par contre convenir à l'un de ces mâts à oriflamme solidement fixés à la façade dont on a supposé l'existence dans les palais crétois. La présence du palais aurait ainsi été signalée de loin à tout visiteur venant de la Crète orientale avec laquelle Malia entretenait sans aucun doute des relations étroites.

L'angle Sud-Est

Par une ouverture ménagée dans la façade de la cour près de l'angle Sud-Est, on accède à un quartier d'un type différent des autres, le quartier **XIII** : entièrement construit en briques, il présente de plus un plan particulier (**fig. 26**). Curieusement le seuil a été surélevé de trois marches, sans aucun doute de manière à réaliser une protection simple contre l'accumulation des eaux de pluie dans la partie basse de la cour ; on se rappellera en effet que l'évacuation se faisait plus au Nord par le caniveau de l'entrée Sud-Est. La porte dont l'existence est assurée devait être placée au sommet de ce petit escalier. On descendait ensuite par deux marches dans un couloir coudé (**XIIIa-b**) à partir duquel on passait dans la salle principale (**XIII 1**) sur laquelle donnent deux annexes (**XIII 2** et **XIII 3**) ou bien on gagnait l'étage par un escalier accolé à la muraille extérieure dont cinq marches sont conservées. Au Sud, les constructions sont très détruites en **XIII 4** et **XIII 5** au point que le plan n'y apparaît plus clairement : on notera seulement l'existence à cet endroit d'une ouverture qui paraît ancienne dans la muraille extérieure.

Le plan du quartier XIII, très différent de celui des autres quartiers, est celui qui se rapproche le plus du plan d'un quartier d'habitation. Les fouilleurs ont voulu y voir des magasins pour objets précieux, mais on le considérera plutôt comme un bloc résidentiel pour un des hôtes habituels du palais ou pour un hôte d'occasion.

Les constructions de la bordure Sud

La série de pièces située au Sud de la cour (quartiers **XIV** et **XV**) représente la partie la plus confuse de tout l'édifice : le sol supérieur et certains murs ont été enlevés et deux niveaux superposés ont été confondus par les premiers fouilleurs. Le seuil encore en place actuellement à l'Ouest entre l'entrée Sud et la pièce **XV 1** dénote l'existence d'un sol de même niveau aujourd'hui disparu ; ce sol devait se poursuivre tout le long de la bordure Sud de la cour au-dessus des «pièces» **XIV 1**, **XIV 2** et **XIV 10**. Il y avait là une sorte de terrasse ou de galerie au sol surélevé, ouverte sur la cour, qui prolongeait du côté Sud le système de galeries observé au Nord (portique Nord) et à l'Est (portique Est).

Fig. 26. — Le quartier XIII et l'entrée Sud-Est, vus du Sud-Ouest.

Fig. 27. — Le caniveau stuqué protopalatial dans le quartier
XIV.

A l'arrière, aucune organisation ne se distingue plus. On notera seulement dans l'une de ces pièces de soubassement (**XIV 9**) un dispositif original, une sorte de niche ou placard en *ammouda* aménagé dans l'épaisseur de la muraille extérieure.

Des trouvailles permettent de faire une hypothèse sur la fonction des constructions de l'étage disparu. Si l'on en juge en effet par la découverte de deux coquilles de *triton et d'un fragment de *rhyton décoré de léopards en relief, un petit *sanctuaire devait exister au-dessus de **XIV 6** et **XIV 7** et communiquer avec le sous-sol par un escalier situé en **XV 5**.

Le *niveau *protopalatial n'est actuellement identifiable qu'au dallage visible en **XIV 1**. Il a été reconnu dans ce secteur en 1978 une première bordure de la cour centrale et un système d'évacuation des eaux de la cour primitive par un caniveau Nord-Sud bordé de plaques d'*ammouda* qui prend naissance en **XIV 2** et traverse **XIV 4**, **XIV 6** et **XIV 7** (**fig. 27**).

L'entrée Sud

L'**entrée Sud** apparaît, au même titre que l'entrée Nord, comme une des entrées principales du palais. Son principe est cependant entièrement différent : au lieu de commander un itinéraire en *chicane, elle donne un accès direct à la cour centrale (**fig. 28**).

On remarquera le dispositif de la porte extérieure encore visible en plan malgré l'état dégradé de l'endroit, en particulier le seuil fait d'une seule dalle de schiste large de 1,75 m. Le vestibule lui-même a l'aspect d'un véritable hall par ses dimensions (plus de 15 m sur 5,50 m) et par son dallage exceptionnel, fait de bandeaux transversaux d'*aspropétra* dont certains ont plus de 5 m de long d'un seul tenant.

Au débouché sur la cour centrale, l'ouverture actuelle est sans aucun doute plus large (3,45 m) qu'à l'origine ; elle est cependant indiscutable et répondait presque sur le même axe à la porte extérieure.

Des seuils surélevés qui donnent sur des salles latérales, le plus intéressant est le seuil Ouest où se voient encore la *crapaudine, légèrement ovalisée, du pivot de la porte et les traces circulaires laissées par le battant de bois.

Les constructions de la bordure Ouest

La terrasse aux offrandes

Immédiatement à gauche du débouché de l'entrée Sud, sur une petite terrasse accessible depuis la cour par deux marches (**XVI 1**) et jouxtant le

Fig. 28. — Entrée Sud et cour centrale, vues du Sud.

Fig. 29. — L'escalier Sud-Ouest et la terrasse aux offrandes, vus de l'Est.

Fig. 30. — La table à cupules de XVI 1, vue du Sud.

grand escalier Sud-Ouest, est enchâssée dans le dallage une table circulaire en marbre de 0,87 m de diamètre (**fig. 29** et **30**). Soigneusement
polie sur sa face supérieure, elle porte à sa périphérie un cercle de trente-
quatre cavités circulaires ou «cupules» et en son centre, entourée par un
mince bandeau en relief, une cavité plus large et plus profonde. L'une des
cupules extérieures est elle-même de plus grande taille et détermine une
saillie en forme de bec vers le Sud. Un tel objet n'est unique ni au palais
même (cf. p. 62) ni sur le site (cf. p. 83), bien qu'assez rare dans le reste de
la Crète, mais il est le plus soigné de tous ; le soin de l'exécution et le

choix de l'emplacement sont significatifs de l'importance qu'il devait avoir. A l'Ouest, une banquette basse servait sans doute moins de siège que d'étagère où déposer des objets.

La fonction de cette table à *cupules a prêté à discussion depuis sa découverte. L'interprétation la plus vraisemblable, confirmée par d'autres trouvailles, est celle qu'a donnée l'un des fouilleurs, F. Chapouthier : elle représenterait une transposition dans la pierre d'une forme de vase bien connue dans le monde égéen, avec récipient central et godets sur le pourtour, le *kernos. On y déposait des offrandes, spécialement de caractère agraire, faites à la divinité. Quant à la cavité centrale, elle aurait servi d'emplacement pour une lampe ou de réceptacle pour une offrande particulière.

La situation de cette table à proximité immédiate de l'entrée Sud et dans l'angle de la cour démontre qu'elle jouait un rôle dans le fonctionnement de cette entrée et de la cour elle-même. Des actes rituels devaient s'y célébrer dans le cadre de cérémonies religieuses au moment même où les participants pénétraient dans la cour.

La *crypte à piliers et le quartier VII

En progressant vers le Nord le long de la bordure Ouest de la cour, on rencontre successivement deux passages qui donnent accès au quartier VII, construit autour d'une *crypte à piliers (VII 4) et de son vestibule (VII 3) (**fig. 31** et **plan 11**) à destination vraisemblablement cultuelle.

Par le **passage Sud**, à deux marches descendantes, on pénètre dans un vaste espace Nord-Sud (**VIIa**) traversé par une colonnade intérieure dont les bases sont encore visibles. Sur cet espace donnent deux couloirs parallèles, l'un dallé avec *pilier axial (**VII 11**), l'autre plus étroit (**VII 10**) qui conduisent l'un et l'autre à un autre couloir, Sud-Nord (**VII 12**) par lequel on parvient enfin, par un trajet indirect, dans la salle principale (VII 4) par son angle Sud-Ouest. Ce double itinéraire répond à des exigences de fonctionnement dont le détail nous échappe ; elles sont sans doute d'ordre rituel.

Accessible à partir de la cour centrale, la salle à piliers l'est aussi par l'arrière, à travers le couloir **VII 6** qui la relie au couloir Nord-Sud (C) des magasins Ouest. On remarquera que les deux itinéraires d'accès ne se rejoignent pas mais débouchent en VII 4 par deux portes séparées bien que contiguës, bon exemple de la complexité des agencements conçus par les architectes minoens.

L'entrée principale enfin se faisait par le **passage Nord** : celui-ci donnait

Fig. 31. — La «crypte» à piliers et son vestibule, vus du Sud-Est.

Fig. 32. — L'entrée Est de la «crypte» à piliers avec emplacement de colonne en creux (1929).

dans un vestibule dallé (**VII 1**) par lequel on entrait sur la gauche en VIIa et on passait ensuite à droite en VII 3, le vestibule de la salle principale (VII 4) largement ouvert sur VIIa par un système de baies. De ce côté-là aussi, l'itinéraire conduisant à VII 4 était indirect.

Le vestibule **VII 3** possède contre le mur Sud une banquette et présente dans son mur Nord le reste d'une porte dont seul le seuil est conservé. On observera aussi que la baie reliant VII 3 et VII 4 a été remaniée : on aperçoit en effet sous la maçonnerie du mur Sud une base de *colonne à laquelle correspondait à l'origine une deuxième colonne dont l'emplacement cerné de stuc était visible, au moment de la fouille, sur la dalle placée au pied du mur Nord (**fig. 32**) ; la baie, très large et axiale dans un premier temps, a été ensuite réduite et déportée vers le Nord.

La *crypte à piliers **VII 4**, au sol dallé, est de forme rectangulaire allongée. Elle est entièrement construite en blocs d'*ammouda* équarris reposant sur un soubassement de petits moellons de *sidéropétra* ; sur l'un des blocs du mur Ouest, on discerne une étoile gravée de petites dimensions. Malgré ses dimensions modestes, deux *piliers d'*ammouda* sur socle débordant servaient à soutenir le plafond. Fait exceptionnel à Malia, l'un et l'autre portaient des *signes gravés : sur la face Sud du pilier Nord, on a observé au moment de la fouille, le signe du trident dont rien ne subsiste plus actuellement (cf. **fig. 32**) ; sur la face Nord du pilier Sud, on voit encore deux fois le signe de la double *hache (dont l'un s'érode progressivement) et une fois celui de l'étoile.

Une salle de ce type ne se comprend bien que par analogie avec des salles observées dans différentes constructions minoennes, et en particulier au palais de Knossos où existent, dans l'aile Ouest, deux *cryptes contiguës dont l'unique *pilier central porte, maintes fois répété, le *signe de la double *hache. A. Evans y a vu des salles consacrées au culte du pilier auxquelles auraient correspondu à l'étage des salles à *colonnes.

La * *loggia* et ses annexes

Plus au Nord, de l'autre côté du grand escalier Nord-Ouest, quatre marches encadrées par deux *pilastres et interrompues en leur milieu par un *pilier conduisent à une sorte de terrasse couverte que les fouilleurs ont dénommée, par une assimilation quelque peu abusive avec l'architecture vénitienne, la *loggia* (**VI 1**) (**fig. 33** et **plan 12**). Dans le dallage, on remarque une dalle en légère saillie qui doit avoir supporté, non un pilier mais, plus vraisemblablement, une table de pierre ou de bois.

Une autre hypothèse a été présentée : une base de trône (St. Alexiou), mais

Fig. 33. — La *loggia* et l'escalier Nord-Ouest, vus du Nord-Est.

la position de cette dalle, placée transversalement devant un escalier, paraît exclure cette éventualité.

Au Nord, on pouvait passer dans une salle unique (**VI 3-4**) dont le sol de terre doit être reconstitué par l'imagination ; sur ce sol reposaient au moment de la fouille de grandes jarres renversées. Un petit escalier descend de là vers l'Ouest dans une pièce située en contrebas (VI 2).

La fouille a mis au jour à cet endroit au niveau de la cour centrale un double sol en dalles d'*ammouda* stuquées et un caniveau appartenant au premier palais ; le caniveau Est-Ouest a été retrouvé ensuite dans la pièce voisine (V 3). Ce fait démontre que, contrairement à une hypothèse souvent proposée, la cour centrale ne s'est jamais étendue plus à l'Ouest que sa bordure actuelle.

A l'Ouest, entre deux bases de *colonne de grande taille, un escalier étroit, de quatre marches également, descend en VI 6.

La pièce **VI 2**, que prolonge vers le Sud la pièce **VI 6**, présente aujourd'hui un état de délabrement avancé. Les murs Ouest et Nord en briques se sont fortement affaissés ; du sol ne subsiste qu'une surface réduite faite d'éclats de *sidéropétra* recouverts de stuc par endroits et une base de *colonne isolée et fragmentaire est seule encore visible au contact de ce sol. Elle a cependant livré plusieurs objets de prix : une hachette de schiste reproduisant l'avant-train d'un léopard, un bracelet de bronze et deux armes également de bronze, une grande épée à pommeau de cristal et un poignard.

Ces trouvailles étaient placées à des endroits différents dans la pièce VI 2. La hachette et le bracelet proviennent d'une jarre couchée contre le mur Nord dans la partie aujourd'hui effondrée de la salle. L'épée et le poignard gisaient sous le niveau du sol actuel et appartenaient manifestement à un niveau antérieur.

La hachette de schiste (Musée d'Héraklion n° 2109), longue de 15 cm, est une arme d'apparat dont le talon est remplacé par l'avant-train d'un félin tacheté en train de bondir (**Pl. VI, 1**). L'ensemble de la lame et du talon est recouvert d'une décoration incisée, un réseau de spirales enchaînées combiné avec des lignes brisées. Hachette et bracelet datent de l'époque *néopalatiale (MM III-MR I).

La grande épée (Musée d'Héraklion n° 2087) a une longueur de plus de 1 m (**Pl. VI, 2**). Sa lame est traversée par une large nervure plate inhabituelle ; la poignée est en calcaire gris recouvert d'une feuille d'or dont seules des traces sont conservées ; le pommeau est taillé à huit faces dans un morceau de cristal de roche. Épée et poignard remontent à l'époque *protopalatiale (MM IA-MM II).

Bien que n'appartenant pas à la même époque du palais, ces objets sont en relation avec le même secteur de l'édifice et probablement le même angle de la cour centrale. Considérés par Evans comme les *insignia dignitatis* du prince de Malia, ou signes distinctifs de la puissance royale, ils sont sans aucun doute, de par leur qualité, des objets d'apparat et, de par leur position à l'intérieur du palais, des instruments importants pour le déroulement de cérémonies célébrées dans la *loggia* VI 1 et dans la cour centrale.

Au Nord, et sans communication avec VI 2, on rencontre une curieuse petite pièce (**VI 5**) interprétée par les fouilleurs comme une salle de bains en raison de la présence d'un dispositif d'évacuation d'eau passant sous le mur Nord. On doit y reconnaître en fait les restes d'un *puits de lumière avec évacuation d'eaux usées en provenance de l'étage.

A l'Ouest, VI 2 est en relation avec une série de pièces étroites et allongées (**II 1a-c**) à l'entrée desquelles est dressé un grand *pithos* à *médaillons haut de 1,55 m. Ces pièces, disposées en enfilade, servaient de magasins et contenaient encore des vases au moment de la fouille : 2 dans la première dont le *pithos*, 2 dans la seconde et 23 entassés dans la troisième (**fig. 34**) dont trois jarres encore debout sur des emplacements spéciaux le long de l'escalier d'accès (**fig. 35**). La porte actuelle vers les magasins Ouest n'est pas sûre et il est clair qu'il existe une étroite connexion entre II 1 et VI 1-2.

Au Sud, VI 6 commande plusieurs pièces dont la fonction ne peut plus

Fig. 34. — Vases dans la pièce II 1a au moment de leur découverte (1922).

Fig. 35. — Vases remis en place après la fouille sur l'escalier de II 1a (1922).

Fig. 36. — Mur protopalatial au pied du *pithos* à médaillons
de II 1c, vu de l'Est (1968).

Fig. 37. — Dessin des trois faces d'un sceau
protopalatial trouvé en VI 9 (2 : 1).

être déterminée : on notera seulement l'existence en **VI 9** d'une banquette courant le long des quatre murs et la ressemblance de **VI 12**, une pièce en contrebas initialement accessible par un plan incliné aujourd'hui disparu, avec l'architecture d'un « *bain lustral ».

Sous la plus grande partie du quartier VI s'étendent des constructions qui appartiennent au premier palais (**fig. 36**) et sont reliées au niveau du sol environnant par un escalier situé en VI 9. C'est dans ces pièces souterraines qu'étaient tombés les armes de bronze de VI 2 (1923) ainsi que les débris d'un atelier d'ivoirier et un sceau MM II à trois faces (**fig. 37**) en VI 9 et VI 10 (1965).

L'angle Nord-Ouest de la cour centrale

Cet angle de la cour présente des installations qui méritent d'être mentionnées. Devant la *loggia* est placée dans la *terrazza* du sol une sorte de boule de calcaire creusée dans sa partie supérieure d'une *cupule. Cette boule ne saurait être en aucun cas, malgré l'interprétation qui en a été parfois proposée, un boulet turc ou vénitien du XVIᵉ s. Profondément enfoncée dans le sol minoen (**fig. 38**), elle pourrait avoir joué à cet endroit le rôle de pierre sacrificielle.

Immédiatement au Nord, une aire dallée rectangulaire, dont on remarquera qu'elle est placée de biais par rapport aux axes de la cour, est encore assez bien conservée. Avec la boule voisine, elle définit un espace qui paraît être en relation étroite avec la *loggia* VI 1 et son annexe Nord VI 3-4. Le fait que des armes d'apparat aient été trouvées à proximité doit éclairer la fonction de cette partie de la cour centrale : n'aurait-elle pas servi à des cérémonies, peut-être à des rites sacrificiels, où la présence d'armes de ce type s'expliquerait aisément ?

La pièce d'angle **V 3** apparaît aujourd'hui largement ouverte sur la cour. On y remarque deux bases de colonne placées dans l'alignement du portique Nord, mais à un niveau inférieur, et les restes d'un dallage au Sud-Ouest. Dans l'angle Nord-Est est adossée à une cloison de briques bordant le couloir C′ une petite construction carrée qui a pu servir de socle.

Au Sud de cette construction, l'**altitude de référence** valable pour tout l'édifice (cote : **14,973 m** au-dessus du niveau de la mer), est matérialisée par une croix incisée sur une dalle allongée qui fait partie de la bordure Ouest de la cour *protopalatiale.

A partir de là, on retournera dans la salle VII 10, d'où l'on gagnera la partie Sud du couloir C par VII 12 et VII 13.

LE COULOIR C ET LES MAGASINS OCCIDENTAUX

La partie Sud

Le couloir C est divisé en deux parties par une cloison dont les briques sont encore visibles. Dans la pièce VII 13, rattachée au quartier VII, mais solidaire des *magasins qui s'étendent de l'autre côté du couloir, est actuellement replacée sur le socle de pierre d'où elle était tombée une pierre à *cupules qui rappelle sous une forme plus grossière celle de la cour centrale (**fig. 39**).

Cette table, bien que moins élaborée que la précédente, est tout aussi caractéristique : faite d'un bloc de *sidéropétra* mal dégrossi, elle porte sur sa face supérieure quarante cupules peu profondes qui suivent le contour irrégulier de la pierre ; ces cupules périphériques (de 1,5 à 2,5 cm) entourent une cupule centrale de plus grand diamètre (9 cm) et l'une d'elles, au Nord-Ouest, se distingue par sa taille (6 cm). Elle paraît donc devoir être interprétée elle aussi comme une table à offrandes. Elle occupe d'ailleurs de façon significative une position intermédiaire entre le quartier des magasins Ouest et le quartier VII dont le caractère religieux a été souligné ci-dessus (p. 54-56).

A l'Ouest, de l'autre côté du couloir, on observe dans le quartier de *magasins **VIII** des contreforts régulièrement disposés qui permettent de supposer l'existence à l'étage d'une grande salle à *colonnes. Dans tout ce secteur, on notera la nature composite de la superstructure des murs, calcinée par l'incendie qui a détruit l'édifice.

On passera ensuite dans la partie Nord par VII 8 et VII 6.

La partie Nord

La disposition est à peu près la même qu'au Sud. Les salles longues et étroites situées à l'Ouest du couloir ont été d'abord interprétées comme des étables pour petit bétail, mais elles présentent toutes les caractéristiques des salles-*magasins minoennes, toutefois sans les grands *pithoi* trouvés à Knossos ou à Phaistos ni les *cistes de Knossos. En **I 4**, le mur de façade a disparu, mais son tracé est assuré. En **I 5**, un épais contrefort d'*ammouda* et une tête de mur renforcée correspondent vraisemblablement à des supports intermédiaires à l'étage, *piliers ou colonnes. A l'entrée des pièces, de hauts blocs d'*ammouda*, parfois marqués de *signes

Fig. 38. — La boule de la cour centrale et sa cupule (1930).

Fig. 39. — La pierre à cupules de VII 13 replacée sur sa base.

Fig. 40. — Murs arasés prépalatiaux dans le
compartiment I 1, vus de l'Ouest (1965).

Fig. 41. — Massif de maçonnerie calcinée du compartiment I 1 vu de l'Ouest
avec entrée de la petite pièce voûtée.

gravés, représentent des seuils aujourd'hui déchaussés qui prouvent que le sol ancien était situé plus haut que le sol moderne. Seuls le compartiment **I 1** et les compartiments complémentaires **I 2** et **I 3** font exception au plan général. Fermé de tous les côtés à l'heure actuelle, I 1 n'a de communication qu'avec une petite pièce voûtée incluse dans l'énorme massif de pierres et de briques calcinées qui le limite vers l'Est.

La recherche a montré que ce compartiment recélait les restes, sous la forme de murs arasés (**fig. 40**), d'une architecture antérieure au système des *magasins *néopalatiaux auxquels il ne s'intègre qu'assez mal. La pièce voûtée, visible depuis la cour Ouest à l'intérieur d'un massif de maçonnerie calcinée (**fig. 41**), appartiendrait à ce *niveau ancien (MA II), paradoxalement conservé à l'intérieur même du palais.

Malgré l'incertitude qui règne sur le système utilisé, le couloir C était sans aucun doute couvert en raison de l'absence de tout dispositif d'évacuation des eaux de pluie. A son extrémité Nord, on avait accès à l'étage par l'escalier **II 2-3** dont seule la cage a été conservée.

L'existence d'une **entrée Ouest**, intégrée dans le plan des magasins, est incontestablement prouvée par les traces carbonisées des *jambages de bois observées au moment de la fouille. Sa situation dans l'angle d'un rentrant comme ses dimensions réduites montrent qu'il ne s'agissait que d'une entrée secondaire qui permettait de pénétrer directement depuis l'extérieur dans les magasins Ouest, sans elle quasiment inaccessibles.

On ressortira dans la cour Ouest par cette entrée et on gagnera, sur la gauche, les quartiers Sud-Ouest par l'extérieur.

LES QUARTIERS SUD-OUEST

Les quartiers **XIX** et **XX** ne sont accessibles à l'heure actuelle qu'en passant au travers de murs disparus (façade Ouest) ou en enjambant des murs arasés (mur Sud de VII 12) : aucun accès normal n'est plus visible aujourd'hui bien qu'il en ait sûrement existé un à l'origine. Il est clair d'après l'aspect et l'organisation de ces pièces qu'elles ne sont en fait, avec leur forme très allongée, leurs contreforts régulièrement répartis, leurs communications étroites ou inexistantes, l'épaisseur anormale de leurs murs, que des pièces noyées dans les soubassements de l'édifice dont la fonction n'était guère que de supporter une architecture d'étage.

Fig. 42. — La rangée Nord des silos, vue du Sud-Ouest.

Deux phases de construction se reconnaissent assez facilement dans ce conglomérat, toutes deux *néopalatiales : la façade Sud de la première phase passe au Nord de **XIX 6** et **XIX 7** tandis que les constructions situées plus au Sud qui comprennent également le petit *sanctuaire XVIII 1 appartiennent à une extension ultérieure de l'édifice.

En outre un reste de la cour Ouest *protopalatiale est identifiable dans un premier état du *kaldérim* visible à l'arrière du tracé de la façade Ouest en **XX 2**.

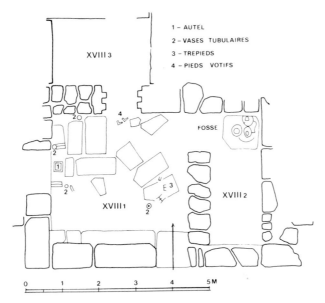

1 – AUTEL
2 – VASES TUBULAIRES
3 – TREPIEDS
4 – PIEDS VOTIFS

Fig. 43. — Le sanctuaire XVIII 1 et ses annexes au moment
de la fouille en 1929 (1 : 100).

Le bâtiment des silos

Ce bâtiment est placé dans le rentrant Sud de la façade occidentale et n'a aucune communication directe avec l'édifice palatial. L'accès se faisait uniquement par les voies dallées de la cour Ouest.

Entièrement fermé à l'origine, il comporte à l'intérieur huit bassins circulaires de même taille disposés sur deux rangées parallèles d'Est en Ouest (**fig. 42**); leur diamètre est un peu inférieur à 4 m. Dans cinq d'entre eux, mais probablement dans tous à l'origine, un *pilier central en *ammouda* est destiné à soutenir la couverture. La partie supérieure a partout disparu mais on supposera avec vraisemblance que chacun de ces grands réceptacles avait une forme de ruche plutôt qu'un toit plat.

Sur l'un des piliers de la rangée Sud, on observera la présence de deux *signes gravés, l'étoile sur la face Est, la croix sur la face Sud. Des restes de * *kaldérim* apparaissent parfois au fond des bassins et les traces d'un épais enduit de chaux sont encore visibles par endroits sur les murs.

Les fouilleurs ont longtemps pensé se trouver en présence de citernes formant le «château d'eau» du palais. Il s'agit en réalité de silos pour lesquels

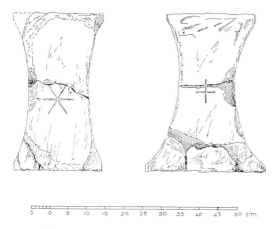

Fig. 44a. — Autel à signes incisés (1 : 10).

Fig. 44b. — Vase
brûle-parfums du
sanctuaire XVIII 1.

des parallèles existent à Knossos et à Phaistos («kouloures»). Il est probable
que les Minoens y stockaient des céréales, blé ou orge, nécessaires à la vie du
palais et aux échanges économiques. Leur contenance estimée est d'environ
3 000 hl.

L'accès à l'entrée Sud se faisait par l'extérieur du bâtiment des silos
sans qu'aucune voie dallée ait été retrouvée dans cette zone. On longeait
la façade méridionale du palais, construite en gros blocs de *sidéropétra*
comme les autres façades secondaires et reposant sur un *kaldérim* plus
ancien. Avant d'atteindre l'entrée Sud, on rencontre un redan à l'appareil
plus soigné dans lequel on peut pénétrer par une ouverture légèrement
surélevée.

Le *sanctuaire Sud-Ouest et ses annexes

La salle où l'on entre (**XVIII 1**) est dallée et les restes d'une banquette
sont encore visibles à gauche contre le mur extérieur. L'intérêt particulier
de cette pièce carrée ne tient pas à son architecture, mais au mobilier qui
y fut trouvé, de caractère incontestablement religieux (**fig. 43**). Un petit
*autel en *ammouda* à côtés incurvés (**Pl. VII, 1**) était placé à l'entrée de
XVIII 5; il portait deux *signes gravés, l'étoile et la croix (**fig. 44a**), de
même forme et de même orientation que sur le *pilier du silo voisin. Au

pied de l'autel, des vases brûle-parfums (**fig. 44b**), des coquilles de *triton (**Pl. VII, 2**) et des chaussures de terre cuite à bout recourbé complétaient le mobilier sacré. Dans les pièces voisines, une abondante céramique servait au fonctionnement du sanctuaire.

L'entrée actuelle n'est pas le système d'accès originel. On entrait en effet dans le quartier XVIII à partir de l'entrée Sud par un petit escalier de quelques marches descendant en **XVII 2** ; une cloison de briques a ensuite fermé le passage à l'extrémité Ouest de XVII 2. On notera aussi l'existence d'un accès à partir de l'étage par un escalier aujourd'hui disparu dans la partie Ouest de XVIII 5.

Le long de la façade méridionale du palais sont encore visibles en surface des alignements qui paraissent sans relation avec l'édifice actuellement dégagé. Ils font partie de constructions *protopalatiales qui ont été mises au jour par F. Chapouthier en 1931, puis remblayées pour assurer leur conservation. Elles étaient reliées au palais de la même époque par un escalier stuqué à deux volées situé sous la pièce XVIII 5, à l'aplomb d'une interruption créée par la fouille dans la façade Sud (présence d'un bloc travaillé destiné à servir de cale).

On reviendra ensuite dans la cour Ouest ou l'on pénétrera à nouveau dans la cour centrale par l'entrée Sud, à caractère religieux.

Plan 2

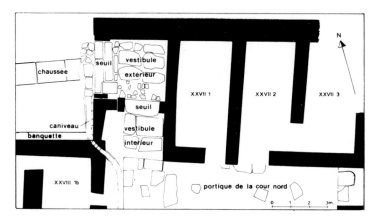

L'entrée Nord (1 : 200).

Plan 3

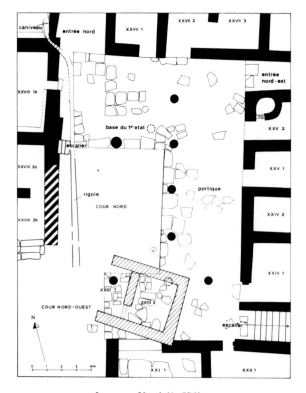

La cour Nord (1 : 250).

Plan 4

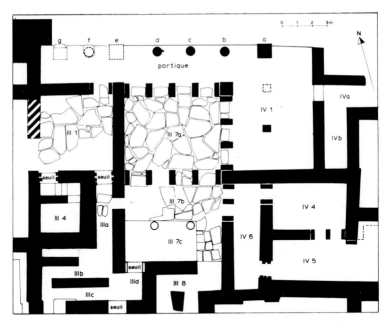

Le quartier d'apparat (1 : 250).

Plan 5

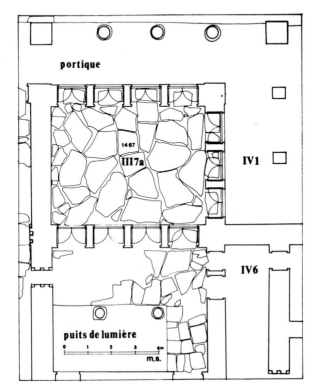

La salle d'audience III7a à la suite des recherches de 1982 (1 : 125).

Plan 6

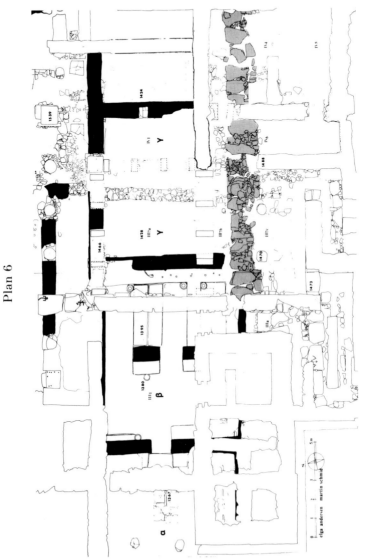

Les installations protopalatiales (en noir) et le mur de façade MM III (en grisé) sous le quartier d'apparat (1 : 200).

Plan 7

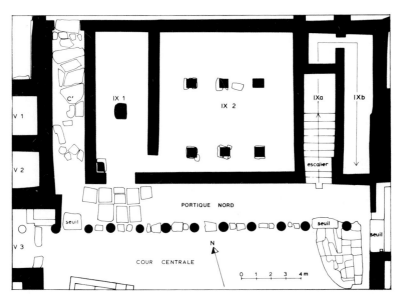

La salle à piliers IX 2 et ses alentours (1 : 250).

Plan 8

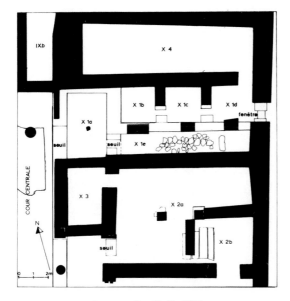

Le quartier X (1 : 250).

Plan 9

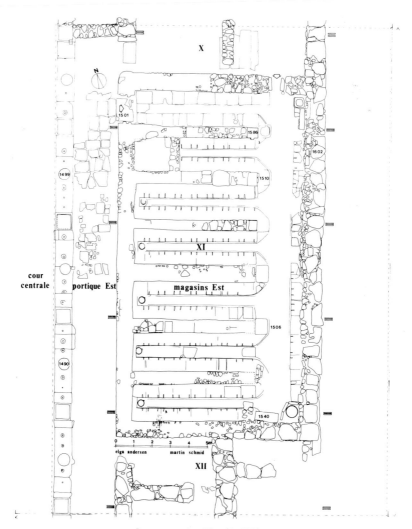

Les magasins Est (1 : 200).

Plan 10

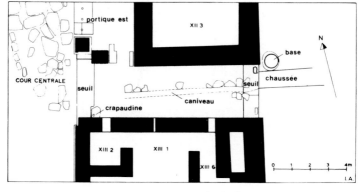

L'entrée Sud-Est (1 : 250).

Plan 11

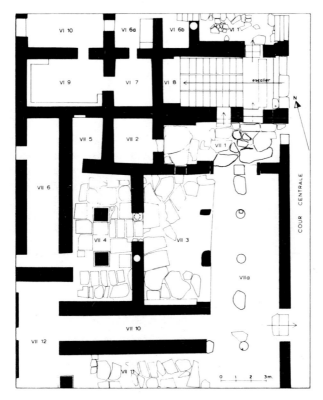

Le quartier VII (1 : 250).

Plan 12

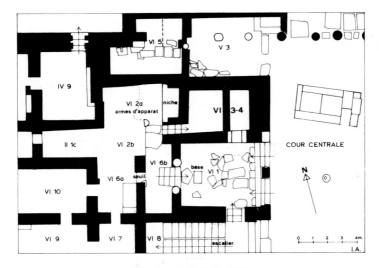

Le quartier VI (1 : 250).

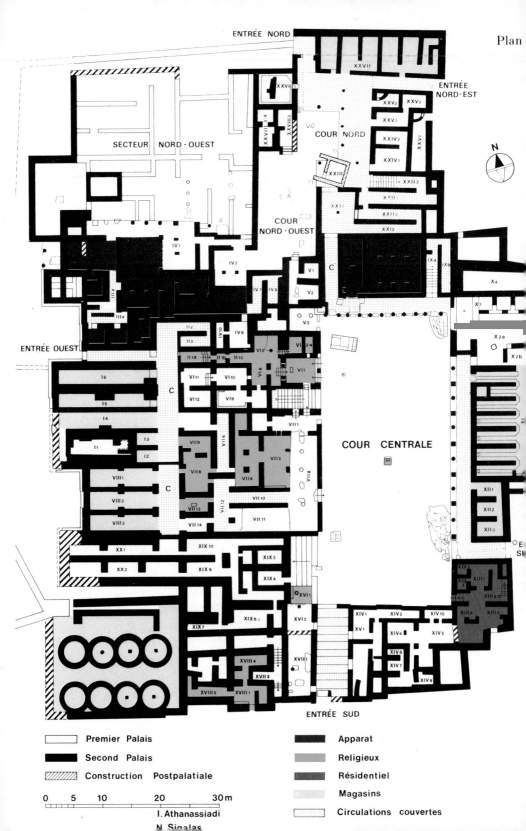

Plan

ENTRÉE NORD

ENTRÉE
NORD-EST

SECTEUR NORD-OUEST

COUR NORD

COUR
NORD-OUEST

N

ENTRÉE OUEST

COUR CENTRALE

ENTRÉE SUD

	Premier Palais			Apparat
	Second Palais			Religieux
	Construction Postpalatiale			Résidentiel
				Magasins
0 5 10 20 30 m				Circulations couvertes

I. Athanassiadi
N. Sigalas

IV. FONCTIONS DE L'ÉDIFICE PALATIAL
(plan 13)

1. Les salles d'apparat et de réception

L'entrée Nord apparaît strictement réservée à une utilisation spécifique : avec son système de double vestibule à angle droit, elle donne principalement accès par deux cours successives au porche d'entrée du quartier d'apparat. L'itinéraire suivi est indirect et compliqué de façon à protéger le coeur du quartier des vues aussi bien que des entrées. La salle principale (III 7a) à l'issue de ce trajet présente les caractéristiques des grandes salles des palais de Knossos et de Phaistos. Plutôt que d'une salle à vocation purement résidentielle, il s'agit, en raison de sa situation et de son système d'accès, d'une salle d'audience pour les visiteurs du palais. Elle est en relation étroite avec l'étage soit par un escalier privé (en IIIb-c) soit par un escalier moins secret (en IV 7-8) qui conduit aux salles d'apparat de l'étage. Dans le même quartier, le «bain lustral» (III 4) atteste le lien existant entre la vie officielle et la vie religieuse du principal habitant du palais.

Parmi les salles d'apparat de l'étage, la mieux individualisée est la salle de banquet située au-dessus de la «salle hypostyle» IX 1-2. Elle est accessible par de multiples escaliers qui en dénotent l'importance : escalier de service XXII 3-1 à partir de la cour Nord, escalier XXI 2-XXII 2 à partir du vestibule XXI 1 ou encore escalier IXa-b à partir de la cour centrale et du portique Nord, ces deux derniers réservés aux convives des banquets palatiaux.

2. Les salles résidentielles

Cette deuxième fonction apparaît étroitement liée à la première mais, comme dans les autres palais, l'état de conservation de l'édifice ne permet guère d'apporter de précisions sur ce point. En effet le rez-de-chaussée, seul subsistant à l'heure actuelle, est la partie du bâtiment où les constructeurs anciens plaçaient le moins volontiers les pièces d'habitation. Celles-ci étaient situées en règle générale à l'étage et il est probable

---

← Plan du palais avec répartition des fonctions (1 : 625).

que le petit escalier IIIb-c était destiné à les mettre en relation directe
avec la grande salle d'audience du rez-de-chaussée (III 7a).

Toutefois, en contradiction avec ce principe, le plan particulier du
quartier XIII, à l'angle Sud-Est de la cour centrale, paraît répondre aux
exigences d'un appartement résidentiel et l'on est tenté d'y voir l'habitation, non du souverain lui-même, mais d'un des notables ou d'un des
hôtes du palais.

3. Les installations cultuelles

On rencontre au palais de Malia des installations cultuelles bien
connues ailleurs : ainsi la crypte à piliers (VII 4) qui reproduit sur un plan
différent les cryptes du palais de Knossos ou encore les «bains lustraux»
qui existent aussi bien à Knossos qu'à Phaistos.

Mais le palais de Malia se distingue des autres par des dispositifs origi-
naux dont la fonction ne peut guère être que religieuse. Les deux tables à
cupules de la cour centrale et de la pièce VII 13 évoquent indiscutable-
ment un rituel d'offrandes agraires traditionnel dans le monde égéen,
mais sous une forme propre à Malia (et plus généralement à la Crète
orientale). La fosse sacrificielle de plan carré creusée au centre de la
grande cour n'a de parallèle ni à Knossos ni à Phaistos ; il en est de même
pour la boule enfoncée dans le sol à l'angle Nord-Ouest de la même cour.
La cour centrale apparaît en somme, plus nettement qu'ailleurs, comme
vouée à la fonction religieuse. Et c'est en relation avec elle que doit être
conçu le fonctionnement de la *loggia* VI 1 et des salles attenantes.

Le sanctuaire XVIII 1 est certes intéressant du fait du mobilier cultuel
qu'il a conservé en place mais il semble être resté un peu à l'écart des
manifestations les plus importantes de la vie religieuse au palais. Il n'en
est pas moins vrai cependant qu'il entretenait un lien étroit avec les silos
voisins révélé par l'emploi des mêmes signes gravés. Et de la même façon
les magasins Ouest sont en liaison directe avec le quartier VII par l'intermédiaire de la table à cupules de VII 13, ce qui leur confère un rôle dans
la célébration d'un culte agraire.

Que le personnage royal soit impliqué dans le rituel est indiqué par la
loggia VI 1 près de laquelle ont été trouvées ses armes d'apparat. L'accès
à la *loggia*, comme d'ailleurs au quartier VII, se faisait aisément à partir
de l'étage par l'intermédiaire de l'escalier Nord-Ouest ; et de même à la
table à cupules de l'entrée Sud par l'escalier Sud-Ouest. Quant à la salle
de banquets de l'étage, elle était elle-même connectée à la cour centrale
par l'escalier IXa-b, ce qui lui conférait un rôle évident dans les cérémonies que le roi célébrait dans la cour.

On n'oubliera pas d'y joindre les dispositifs ⸍bservés dans la nécropole princière de Chrysolakkos (p. 81-83) où furent ⸜ ⸍s une table à cupules analogue à la table monumentale du palais e ⸍ en creux qui rappelle la fosse creusée au centre de la cour. Cette ⸍ontre que rites palatiaux et rites funéraires offraient, à Malia ⸍ ⸍ne forte parenté.

4. Les salles-magasins

A Malia comme ailleurs les installations de stockage occuⱷ ⸍une grande place dans le palais. Aux salles-magasins habituelles s⸍ s à l'Ouest (quartiers I et VIII), au Nord (quartier XXVII) et à l'Est ⸍ar-tiers XI et XII) s'ajoute le bâtiment des silos qui n'a pas de p⸍ ⸍le exact sur les autres sites de Crète. C'est dire qu'à Malia la fonctⱳ ⸍e centralisation des denrées agricoles revêt une particulière importa⸍

Dans ce contexte, on remarquera le caractère particulièrement élⱥ ⸍é des seuls magasins Est (quartier XI) qui remontent à l'époque du pre ⸍r palais. Dans leur forme originelle, ces longues salles stuquées à pl⸍ formes latérales présentent un ingénieux système de récupération ⸍ liquides à l'aide de rigoles et de vases collecteurs.

Mais il est non moins remarquable que ces installations de stock ⸍ soient reliées à des manifestations cultuelles, comme il a été dit plus h ⸍ pour les silos et les magasins Ouest. La même remarque peut s'appliqⱳ aux salles II 1c et VI 3-4, l'une et l'autre remplies de vases, qui, à trav⸍ la *loggia* VI 1, étaient en relation avec la cour centrale.

5. Les ateliers

Il n'est pas facile de mettre en évidence à Malia l'existence d'ateliers l'intérieur du palais. Cependant divers indices (moules, scories et débr⸍ métalliques associés à des traces de feu) ont montré que, dans une pr⸍ mière phase du second palais, des installations de fonte et de travail d⸍ métal étaient situées à l'emplacement du portique du quartier d'appara⸍ (quartiers III et IV). Dans le même secteur a été détecté un atelier d⸍ tailleur de pierre. De même, il est probable qu'un ivoirier travaillait ⸍ l'étage du premier palais à l'emplacement du quartier VI (salle VI 9) Enfin la barre inscrite trouvée sous le sol de IXb pourrait être l'inventairⱶ d'une production de vases en métal précieux datant de la première phase du second palais. Rien nulle part n'indique toutefois qu'il y ait là autre chose qu'une production artisanale à usage interne.

V. LA NÉCROPOLE DE CHRYSOLAKKOS

La visite du palais sera utilement complétée par celle de l'enclos funéraire de Chrysolakkos situé à 500 m vers le Nord, dans une zone littorale où l'on rencontrera aussi, au hasard de la promenade, l'emplacement de plusieurs charniers installés dans des cavités naturelles du rocher.

La nécropole se présente sous l'aspect d'un grand rectangle de 38,80 m du Nord au Sud sur 29,80 m d'Est en Ouest (**fig. 45** et **Pl. VIII, 1**). Pillée

Fig. 45. — Vue aérienne de Chrysolakkos.

par des fouilleurs clandestins entre 1880 et 1885, elle a reçu son nom — la
«Fosse à l'or» — des riches trouvailles qui y ont été faites et dont cer-
taines se retrouvent peut-être dans des musées (trésor dit d'Égine au
British Museum).

La construction est bordée du côté Est par un *portique dont plusieurs
bases, en schiste verdâtre, sont encore visibles.

Sous le sol dallé de ce portique ont été dégagées des salles stuquées *protopalatiales qui semblent avoir servi à la célébration du culte funéraire.

Dans les murs Nord et Ouest de l'enceinte, on remarquera la taille
soignée des blocs de *sidéropétra* utilisés et la présence sur leur face supérieure ou sur le côté de trous circulaires ayant un diamètre à peu près
uniforme (4 cm).

Ces trous ont été interprétés soit comme des trous de *bardage soit comme
des *mortaises destinées à fixer les pièces de bois habituelles dans une
maçonnerie ; dans ce dernier cas, il est nécessaire de supposer une réutilisation
des blocs dans leur emplacement actuel.

Fig. 46. — L'autel stuqué de Chrysolakkos.

A l'angle extérieur des deux murs est actuellement placée (sa position initiale n'est pas connue) une table à *cupules en conglomérat qui rappelle assez la grande table à cupules du palais.

Cette table (diam. 0,67-0,77 m), plus irrégulière et moins bien conservée que l'exemplaire palatial, présente deux cercles de cupules autour de la cavité centrale au lieu d'un seul au palais (**Pl. VIII, 2**).

Les murs Est et Sud sont construits dans un appareil différent : sur une assise de fondation horizontale légèrement débordante reposent de grands blocs verticaux ou *orthostates.

L'intérieur de la construction est occupé par des compartiments rectangulaires qui ont servi de chambres funéraires. De l'un d'eux provient le fameux pendentif aux abeilles (Musée d'Héraklion n° 559).

Haut de 4,6 cm et large de 5 cm, c'est une des plus belles réalisations de l'orfèvrerie minoenne de l'époque des Premiers Palais (**ill. de dos de couverture**). Deux insectes au corps annelé, guêpes ou abeilles, sont affrontés par la tête et par l'extrémité de l'abdomen. Ils portent sur la tête une cage en fil d'or qui renferme une sorte de grelot et tiennent dans leurs pattes un disque décoré de fines granulations qui représente vraisemblablement un gâteau de miel. Le motif central est équilibré sur les côtés par les ailes étendues des deux animaux, bordées d'un godron, et au-dessous par trois éléments circulaires qui contenaient à l'origine une substance colorée.

Sous l'appentis construit à l'époque moderne dans la partie Est et fermé par une grille, on remarquera un curieux dispositif qui a été partiellement restauré : une sorte de cylindre creux en stuc, inscrit dans un système de bandeaux plats en relief, dont la fonction semble avoir été celle d'un *autel à *libations (**fig. 46**).

La nécropole de Chrysolakkos, qui date de l'époque des Premiers Palais, doit être considérée, en raison de son architecture exceptionnelle et des trouvailles qui en proviennent, comme la nécropole princière, en relation étroite avec l'édifice palatial.

LEXIQUE

ammouda (ou «pierre de sable»)

grès dunaire ; cf. matériaux de construction, p. 14.

archives

dépôt de documents inscrits et de scellés sur argile relatifs à des opérations administratives et conservés en un même lieu.

aspropétra (ou «pierre blanche»)

calcaire coquillier ; cf. matériaux de construction, p. 14.

autel

dans la religion minoenne, installation mobile ou fixe sur laquelle étaient déposés des offrandes ou des objets sacrés (autres que les statues de culte, pratiquement inexistantes).

bain lustral

petite salle de plan carré particulière à l'architecture minoenne dans laquelle on pénètre par un accès coudé ; malgré des interprétations différentes (salle de bains), elle semble avoir servi à des purifications rituelles.

bardage (trous de)

cavités forées dans des blocs de pierre pour en faciliter le transport et la mise en place.

blocage

amalgame de blocs de pierre bruts et de terre à bâtir utilisé dans la construction de certains murs.

chicane (tracé en)

itinéraire en zigzag comportant un ou plusieurs changements de direction à angle droit.

chlorite

roche, généralement de couleur verdâtre, ayant servi en Crète à la fabrication de vases ou d'objets de pierre.

ciste

coffre de pierre situé sous le sol de salles-*magasins pour le stockage de denrées.

colonne

support architectonique de plan circulaire, fait uniquement de bois et plus large au sommet qu'à la base dans l'architecture minoenne.

cordé (décor)

décor reproduisant en relief dans l'argile les cordes utilisées pour le transport et la manutention des vases de grandes dimensions.

cornes de consécration

symbole religieux apparenté aux cornes du taureau et fréquemment associé aux édifices cultuels.

crapaudine

cavité, généralement aménagée dans un seuil, où vient se loger le pivot d'une porte.

crypte

salle, parfois située en contrebas du sol extérieur, dont la fonction semble avoir été religieuse.

cupules (pierre ou table à)

bloc de pierre présentant à sa surface une ou deux rangées de cavités plus ou moins soigneusement exécutées autour d'une cavité centrale de plus grande taille ; son usage, bien que discuté, semble de nature religieuse.

décrochement

décalage vertical de faible amplitude sur la face d'un mur.

démon à carapace

être fantastique du répertoire iconographique crétomycénien possédant un corps de lion et portant sur le dos une carapace qui l'apparente à la déesse égyptienne Touéris.

dépôt de fondation

objet ou groupement d'objets placés dans les fondations d'un édifice pour en assurer la pérennité.

engobe

enduit d'argile dont sont badigeonnés les vases avant cuisson.

entrecolonnement

espace intermédiaire entre deux colonnes, deux piliers ou un pilier et une colonne.

feuillure

entaille pratiquée dans un bloc de pierre pour servir de logement à une pièce adventice.

gourne

forme francisée d'un mot grec qui désigne une cuvette ou un bassin ; sur le site de Malia, de nombreux exemplaires présentent plusieurs cavités, de formes et de dimensions différentes.

granulation

procédé d'orfèvrerie consistant à fixer de minuscules grains d'or sur un fond de même métal.

hache (double)

à l'origine, outil du tailleur de pierre ; utilisée comme instrument sacrificiel, elle est devenue le symbole de la déesse minoenne et apparaît fréquemment dans les palais ; également signe d'écriture et *marque de maçon.

hiéroglyphique

système d'écriture de caractère pictographique sans rapport direct avec l'écriture hiéroglyphique égyptienne ; utilisé comme le *linéaire A à l'époque des palais, il reste lui aussi indéchiffré.

hypostyle (salle ou *crypte

salle dont le plafond est soutenu par des colonnes ou des piliers, généralement multiples.

jambage

montant latéral d'une porte ou d'une fenêtre, le plus souvent en bois dans l'architecture minoenne.

kaldérim (mot turc)

pavage irrégulier servant de revêtement à l'extérieur dans la cour Ouest et dans certaines parties intérieures du palais.

Kamarès

grotte située sur le versant Sud du mont Ida (moderne Psiloriti), d'où provient la céramique au décor polychrome caractéristique de la période MM Ii.

kernos (mot grec)

vase constitué par un récipient central entouré par une ou deux rangées de récipients plus petits ; servait à l'époque grecque de vase à offrandes dans le culte des Grandes Déesses d'Éleusis.

labyrinthe

terme préhellénique en -nth- désignant l'édifice dans lequel *Minos fit enfermer le *Minotaure ; de là vient le sens d'édifice compliqué et tortueux.

libation

offrande rituelle d'un liquide contenu dans un vase (*rhyton) et versé soit sur le sol soit dans un autre récipient.

linéaire A

système d'écriture employé à l'époque des Premiers et des Seconds Palais, mais resté indéchiffré.

linéaire B

système d'écriture dérivant d'une forme plus ancienne de l'écriture crétoise ou *linéaire A ; contrairement à celui-ci, le linéaire B a été déchiffré en 1952 par M. Ventris et J. Chadwick et note une forme archaïque de grec.

loggia (mot italien)

petite pièce surélevée ouvrant sur un de ses côtés à la manière d'une loge.

magasins

salles destinées au stockage des denrées, liquides ou solides, parfois aussi au dépôt d'objets précieux.

Mari (nom moderne Abu Kemal)

site du Moyen-Euphrate, emplacement du plus grand palais du IIe millénaire dans le Proche-Orient, bien connu pour ses peintures murales.

marque de maçon

signe inscrit sur les pierres d'un édifice ; cf. matériaux de construction, p. 14.

médaillons (*pithos à)

vase décoré de motifs circulaires en relief.

mégaron (terme homérique)

salle principale des palais mycéniens dont le nom a été parfois utilisé abusivement pour désigner des salles importantes des palais minoens.

meltem (mot turc)

nom donné localement à un vent alizé soufflant du Nord-Ouest une grande partie de l'année.

Minos

nom du roi préhellénique de Knossos qui nous est connu par la littérature grecque ; il fit construire par l'architecte Dédale un édifice au plan compliqué, le *labyrinthe, pour y cloîtrer le *Minotaure. L'adjectif 'minoen' a été calqué par A. Evans sur le nom de ce souverain mythique.

Minotaure

monstre mi-homme mi-bête né des amours de Pasiphaé, femme de *Minos, avec un taureau ; mis à mort par le héros athénien Thésée.

mortaise	évidement, généralement rectangulaire, à la surface d'un bloc de pierre, dans lequel venait s'encastrer un tenon de bois, aujourd'hui disparu.
mosaïko (terme grec calqué sur l'italien)	revêtement de sol fait de dalles de forme irrégulière dont les interstices sont remplis de *stuc coloré, généralement en rouge.
néopalatial	relatif à l'époque des Seconds Palais (1700-1450/1400 av. J.-C.).
niveau	en archéologie, désigne un ensemble de murs et de sols appartenant à une même phase de construction.
orthostates	blocs de pierre posés sur la tranche à la base de certains murs.
parement	partie extérieure de l'appareil d'un mur, souvent travaillée de manière à offrir une surface plane.
pilastre	*pilier engagé dans la maçonnerie d'un mur.
pilier	support architectonique de plan carré qui revêt deux formes en Crète : soit une superposition de blocs équarris, soit une partie inférieure en pierre surmontée d'une superstructure en blocage renforcée par des pièces de bois.
piquetage, piqueté	traitement de la pierre destiné à offrir une surface rugueuse propre à assurer une meilleure cohésion de celle-ci avec un autre matériau (bois, stuc).
pithos (plur. ***pithoi***)	vase, souvent de grande dimension, destiné au stockage des grains ou des liquides.
plan « but and ben » (terme anglais)	groupement de deux pièces contiguës (vestibule et pièce principale) séparées par un mur de refend à l'extrémité duquel est placée la porte de communication.
porche	auvent à toiture supportée par deux *colonnes ; un porche est dit 'à antes' quand il est compris entre deux avancées symétriques des murs latéraux.
portique	galerie couverte à toiture supportée par une rangée de *colonnes ou de *piliers ou encore de piliers et de colonnes alternés.
postpalatial	relatif à la phase qui a suivi la destruction des Seconds Palais (après 1450 av. J.-C. en général, après 1400 à Knossos).
prépalatial	relatif à la phase qui a précédé l'apparition des Premiers Palais (vers 2000 av. J.-C.).
protopalatial	relatif à l'époque des Premiers Palais (2000-1700 av. J.-C.).
puits de lumière	courette, parfois bordée par un *porche, assurant l'éclairage et la ventilation au coeur des constructions minoennes.

redan

partie en forte saillie sur la ligne de façade des édifices minoens (à ne pas confondre avec les simples *décrochements visibles par endroits).

rentrant

partie en retrait de la ligne de façade placée entre deux *redans.

rhyton (mot grec)

vase cultuel de formes diverses, souvent animales, destiné au rite de la *libation.

sanctuaire

salle de culte, généralement de petites dimensions, contenant des objets sacrés et des vases à offrandes.

Santorin (ou Théra)

île des Cyclades à 110 km au Nord de la Crète, en partie détruite par une éruption volcanique vers 1510 av. J.-C.; l'archéologue grec Sp. Marinatos y dégagea à partir de 1967 le site d'Akrotiri, remarquablement conservé sous les cendres et les pierres ponces.

sidéropétra (ou « pierre de fer »)

calcaire dur, de couleur généralement bleutée; cf. matériaux de construction, p. 14.

socle

assise de soubassement débordante dans l'appareil d'un mur ou d'un *pilier.

stuc

revêtement de mur ou de sol; cf. matériaux de construction, p. 15.

terrazza

constituant habituel des sols de cour, fait de chaux et de petits cailloux; cf. matériaux de construction, p. 15.

textes

inscriptions apparaissant sur les tablettes et autres supports d'argile (barres, médaillons); les textes minoens sont de nature exclusivement économique.

théière

vase à panse globulaire et bec allongé fréquent à l'époque *prépalatiale (MA II et MA III).

triton (ou buccin)

coquillage marin dont des exemplaires ont été trouvés dans des contextes cultuels; ils servaient soit de trompes soit de vases à *libation et ont été parfois reproduits en pierre ou en argile.

vase collecteur

vase enfoncé dans le sol de salles-*magasins et destiné à recueillir les liquides versés aux alentours.

PETITE BIBLIOGRAPHIE

Les travaux menés sur le site par les archéologues de l'École française d'Athènes sont publiés dans la série des Études Crétoises (abrégées ci-dessous EC); des études particulières paraissent aussi dans le Bulletin de Correspondance Hellénique (abrégé ci-dessous BCH).

A. Ouvrages généraux :

1. sur les palais de Crète

J.W. GRAHAM, *The Palaces of Crete.* Princeton, 1re éd., 1962 ; 2e éd., 1969.

G. CADOGAN, *Palaces of Minoan Crete.* Londres, 1976.

«The Function of the Minoan Palaces», *Proceedings of the Fourth International Symposium at the Swedish Institute in Athens*, 10-16 juin 1984, éd. R. HÄGG et N. MARINATOS, Stockholm, 1987.

O. PELON, «Particularités et développement des palais minoens», *Actes du Colloque sur «le système palatial»* (Strasbourg, 19-22 juin 1985), éd. E. LÉVY, Strasbourg, 1987, p. 188-201.

2. sur le site

H. VAN EFFENTERRE, *Le palais de Mallia et la cité minoenne (Incunabula Graeca, LXXVI)*, 2 vol., Rome, 1980.

J.-Cl. POURSAT, «La ville minoenne de Malia : recherches et publications récentes», *Revue Archéologique*, 1988, p. 61-82.

B. Le palais de Malia :

Rapports de fouille

F. CHAPOUTHIER et autres, *Mallia. Rapports I-IV (EC I, IV, VI, XII).* Paris, 1928-1962.

Plans

École Française d'Athènes. *Mallia. Plan du site, plans du palais, indices (EC XIX).* Paris, 1974.

Description

O. PELON (avec la collaboration d'E. ANDERSEN et de J.-P. OLIVIER), *Le palais de Malia, V (EC XXV).* 2 vol., Paris, 1980.

Thèmes particuliers :

Architecture et céramique

J. CHARBONNEAUX, «Notes sur l'architecture et la céramique du palais de Mallia», *BCH* 52 (1928), p. 347-387.

Armes d'apparat de VI 2

J. CHARBONNEAUX, «Trois armes d'apparat du palais de Mallia (Crète)», *Monuments et Mémoires de la Fondation Piot* 28 (1925-1926), p. 1-18.

O. PELON «Publication d'un palais minoen : éléments pour une chronologie», *Actes du 5e Congrès International d'Etudes Crétoises* (Agios Nikolaos, 25 sept.-1er oct. 1981) I. Héraklion, 1985, p. 275-283.

Autels et tables à offrandes

F. CHAPOUTHIER, «Une table à offrandes au palais de Mallia», *BCH* 52 (1928), p. 292-323.

O. PELON, «L'autel minoen sur le site de Malia», *Aegaeum* 2 (1988), p. 31-45.

Cour centrale

O. PELON, «Le palais de Malia et les jeux de taureaux», *Rayonnement grec (Hommages à Charles Delvoye)*. Bruxelles, 1982, p. 45-57.

Dépôt de fondation en IV 7

O. PELON, «Un dépôt de fondation au palais de Malia», *BCH* 110 (1986), p. 3-19.

Écritures

F. CHAPOUTHIER, *Les écritures minoennes au palais de Mallia (EC* II). Paris, 1930.

J.-P. OLIVIER, O. PELON et F. VANDENABEELE, «Un nouveau document en linéaire A au palais de Malia», *BCH* 103 (1979), p. 3-27.

Épée à l'acrobate

F. CHAPOUTHIER, *Deux épées d'apparat découvertes en 1936 au palais de Mallia (EC* V). Paris, 1938.

O. PELON, «L'épée à l'acrobate et la chronologie maliote», *BCH* 106 (1982), p. 165-190.

Id., «L'épée à l'acrobate et la chronologie maliote (II)», *BCH* 107 (1983), p. 679-703.

Id., «L'épée à l'acrobate et l'art de l'époque protopalatiale en Crète», *Actes de la Table Ronde sur l'iconographie minoenne* (Athènes, 21-22 avril 1983) = *BCH, Suppl.* XI, éd. J.-Cl. POURSAT et P. DARCQUE. Paris, 1985, p. 35-40.

Loggia VI 1

St. ALEXIOU, «Sulla funzione di alcuni ambienti nei palazzi minoici», *Antichità Cretesi (Studi in onore di D. Levi)* I. Catane, 1973, p. 60-64.

Salle d'audience III 7

O. PELON, «Fonction politique dans un palais minoen», *Proceedings of the Cambridge Colloquium on «Minoan Society»* (31 mars-2 avril 1981). Bristol, 1983, p. 251-257.

M.E. SCHMID, «Les portes multiples au «mégaron» du palais de Malia», *BCH* 107 (1983), p. 705-716.

Salle hypostyle IX 2

R. Joly, « La salle hypostyle du palais de Mallia », *BCH* 52 (1928), p. 324-346.

J. Charbonneaux, « Les salles hypostyles des palais crétois », *BCH* 54 (1930), p. 352-366.

Triton en chlorite

Cl. Baurain et P. Darcque, « Un triton en pierre à Malia », *BCH* 107 (1983), p. 3-73.

C. La nécropole de Chrysolakkos :

Publication

P. Demargne, *Mallia, Exploration des nécropoles (1921-1933)* I (*EC* VII). Paris, 1945.

Architecture

J.W. Shaw, « The Chrysolakkos façades », *Actes du 3ᵉ Congrès International d'Études Crétoises* (Réthymnon, 18-23 sept. 1971) I. Athènes, 1973, p. 319-331.

Fonction

G. De Pierpont, « Réflexions sur la destination des édifices de Chrysolakkos », *Aegaeum* 1 (*Actes du Colloque de Liège « Thanatos. Les coutumes funéraires en Égée à l'âge du Bronze »*, 21-23 avril 1986). Liège, 1987, p. 79-94.

Orfèvrerie

P. Demargne, « Bijoux minoens de Mallia », *BCH* 54 (1930), p. 404-421.

LISTE DES ILLUSTRATIONS

Planches en couleurs *(in fine)* :

Plans :

SOURCES ICONOGRAPHIQUES

Photographies.

La plupart des clichés sont tirés des collections de l'École française (EFA) :
   Anonymes (EFA) : Frontispice ; Fig. 8, 23, 32, 34, 35, 38, 43, 46.
   Ph. COLLET (EFA) : Clichés de couverture.
      Fig. 5b.
      Pl. II, 2. III, 2. VI, 1-2.
   H.-P. COULON (EFA) : Fig. 1, 2, 3, 4, 11, 12, 13, 19, 21, 28, 29, 31, 33.
   Musée d'Héraklion : Fig. 15.
   J. Wilson MYERS : Fig. 45.
   J.-P. OLIVIER (EFA) : Fig. 20.
   O. PELON (EFA) : Fig. 7, 9, 10, 18, 22, 30, 36, 39, 40, 41, 42.
      Pl. I, 1. II, 1. III, 1. IV, 2. V, 1-2. VII 1-2. VIII 1-2.
   M. SCHMID (EFA) : Pl. I, 2. IV, 1.

Plans et dessins.

Le plan topographique (Plan 1) est une partie du plan du site levé par D. Pétropoulos et mis au net par I. Athanassiadi ; il a été revu par M. Schmid.

Les plans de détail 2, 3, 4, 7, 8, 10, 11, 12 et les plans d'ensemble 13 et 14 ont été tracés par I. Athanassiadi et redessinés par N. Sigalas.

Les plans 5, 6 et 9, relevés par E. Andersen, ont été complétés par M. Schmid.

Certains dessins ont été réalisés par I. Athanassiadi (Fig. 6) ou par N. Sigalas (Fig. 5a, 17, 24) ; la figure 37 a été dessinée par I. Athanassiadi et revue par N. Sigalas ; d'autres sont des dessins anonymes : Fig. 16 (redessiné par N. Sigalas), 25, 44a, 44b. La reconstitution de la figure 14 est due à E. Andersen.

Enfin les aquarelles des planches III, 2 et VI, 2 sont l'oeuvre, l'une de N. Sigalas, l'autre de E. Gilliéron.

TABLE DES MATIÈRES

IMPRIMERIE A. BONTEMPS
87350 PANAZOL (FRANCE)
Dépôt légal : Février 1993
N⁰ imprimeur : 22503-92

Pl. I

1. Le massif du Selena et la colline du Prophète Élie vus du site.

2. Vue aérienne du site.

Pl. II

1. Façade Ouest du palais.

2. Triton du chantier Nord-Est.

Pl. III

1. Salles stuquées protopalatiales sous la salle III 7a.

2. Décor d'un compotier polychrome des salles protopalatiales du quartier III.

Pl. IV

1. Nouvel abri des magasins Est vu du Nord-Ouest.

2. — Vue intérieure du nouvel abri des magasins Est.

Pl. V

1. Magasins Est après enlèvement du toit.

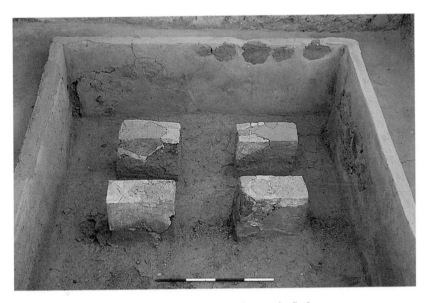

2. Fosse de la cour centrale vue du Sud.

Pl. VI

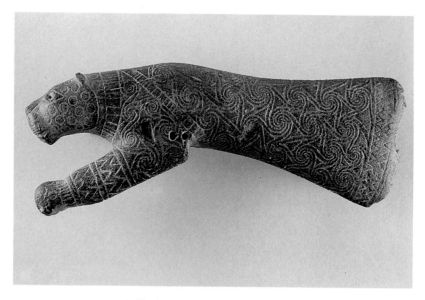

1. Hachette au léopard de VI 2.

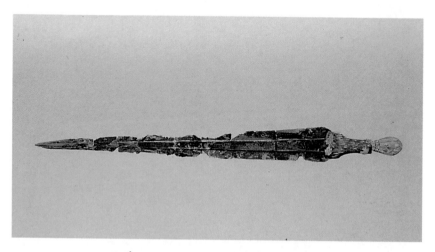

2. Épée à pommeau de cristal de VI 2.

Pl. VII

1. Autel en *ammouda* de XVIII 1.

2. Coquilles de triton de XVIII 1.

Pl. VIII

1. Nécropole de Chrysolakkos vue du Nord

2. Pierre à cupules en conglomérat.